学习的本质
提升成绩的5大规律

刘热生 著

以解题为本，重建思维方式，
提升学习能力

机械工业出版社
CHINA MACHINE PRESS

本书核心理念为五维高效学习法，以大量的学生案例和学科知识为载体，告诉读者如何通过培养行为习惯、调整情绪状态、构建知识结构、改变思维方式、完善自我管理系统，解决学习、生活中的困扰和问题，提升学习能力，完善自身的认知系统与思维系统，能够不断地调节监督自身情绪、优化解决问题的程序。久而久之，这种锻炼可以促进读者不断地突破自我，养成终身学习的习惯，实现人格的终身发展。

图书在版编目（CIP）数据

学习的本质：提升成绩的5大规律／刘热生著. —北京：机械工业出版社，2019.5（2025.6 重印）
ISBN 978-7-111-62715-9

Ⅰ.①学… Ⅱ.①刘… Ⅲ.①学习方法 Ⅳ.①G791

中国版本图书馆 CIP 数据核字（2019）第 091668 号

机械工业出版社（北京市百万庄大街22号　邮政编码100037）
策划编辑：姚越华　张清宇　　责任编辑：姚越华　张清宇
责任校对：黄兴伟　　　　　　封面设计：吕凤英
责任印制：张　博
北京铭成印刷有限公司印刷
2025年6月第1版·第7次印刷
145mm×210mm·9.125印张·151千字
标准书号：ISBN 978-7-111-62715-9
定价：59.80 元

凡购本书，如有缺页、倒页、脱页，由本社发行部调换

电话服务　　　　　　　　　　　网络服务
服务咨询热线：010-88361066　　机 工 官 网：www.cmpbook.com
　　　　　　　　　　　　　　　机 工 官 博：weibo.com/cmp1952
读者购书热线：010-68326294　　金 书 网：www.golden-book.com
　　　　　　　　　　　　　　　教育服务网：www.cmpedu.com
封面无防伪标均为盗版

序 言

学习，改变一生

1995年大学时期的一门课程改变了我的人生。当时完全是兴趣使然，我踏入了心理学的大门。一路走来，我不断将心理学、脑科学和教育学的知识应用于教学实践，但在教学中也看到了中国教育的种种痼疾。太多的教师和家长在教育孩子时存在思维上的固有欠缺，常常由于教育的失败陷入深深的焦虑和困惑，甚至导致家长和孩子人格缺失，在痛苦中挣扎。

当咆哮、抓狂成为家长辅导孩子学习过程中的常态时，理智就会被愤怒的情绪替代，良好的家庭秩序就会被破坏，循循善诱、诲人不倦在死记硬背面前都烟消云散，思维和习惯的培养也成了空话。孩子在学习和生活中自我管理、自我协调的权利完全被剥夺，说好的"散养"回归到了"圈养"。在不计代价、急功近利追求学习成绩的过程中，家长和孩子不得不屈服于现实的压力，稀里糊涂地成为连自己都讨厌的那类人。

在辅导孩子的过程中，我从原本的学科知识教学，逐渐转变为对学习心理和生理机制的探索，寻觅造成教育困境的症结到底在哪里。帮助家长和孩子共同成长，成为我之后二十余年努力的方向和动力。

在孩子的学习和家长的自我成长中要修炼到无招胜有招、以不变应万变的境界，就必须了解这个过程中我们的大脑、心理到底发生了什么，如此，我们才能透过学习过程中发生的种种现象看到问题的本质，犹如打通了任督二脉，将一切难题瞬间变为自己和孩子成长的催化剂。

通过大量的实践，我发现，一切问题的根源在思维，对学习过程中大脑和心理机制的不了解，造成家长和孩子陷入误区。基于学习过程所建立起来的思维方式，将影响孩子一生的发展。

叛逆、贪玩、不听话、不专注、不守纪律……孩子身上发生的种种问题，基本都源于学习系统的失控，但这并不是孩子先天智力和其主观意识造成的，其本质在于孩子情绪状态不佳、知识结构不完整、学习习惯不稳定、思维方式不完善，以及自我管理与自我规划系统的缺失。

知识总是在进化和更新的，今天获取的知识会不断被新知识取代，因此，各学科知识本身并不是最重要的，关键是如何借助对孩子学习系统的改善来培养其整体系统的发展，而这恰恰是教育的意义。爱因斯坦曾经说过，教育就是当一个人把在学校所学全部忘光之后剩下的东西。家长应借助孩子的学习过程，着重培养孩子的思维方式，放下担忧和焦虑，坚定信念、拒绝诱惑，陪伴孩子一同成长。

希望这本书能帮您拨开教育中的迷雾，豁然开朗，实现自己和孩子思维的提升和终身成长。

刘热生
2019 年 3 月

目 录

序　言　学习，改变一生

第一章
如何拯救我们的学习 // 001

1. 目标远大的人，才会拥有大格局的人生 // 003
2. 用五维高效学习法重建学习模式// 014

    培养行为习惯 // 014

    调整情绪状态 // 016

    构建知识结构 // 017

    改变思维方式 // 018

    完善自我管理系统 // 019

3. 通过解题，完善思维能力和人格 // 023

第二章
培养行为习惯 // 041

1. 为什么会出现坏的行为习惯 // 043
2. 行为习惯，解决学习问题的入口 // 048
3. 最常见的八种学习行为困扰 // 050

学习刻苦，成绩却不佳 // 050

脑子灵活，却不够努力 // 051

成绩不错，可从不冒尖 // 052

成绩起伏，大考必失利 // 052

偏科严重 // 053

学习不积极 // 054

沉迷于游戏 // 055

写作业拖拉 // 056

4. 建立良好行为习惯的方法 // 057

第三章

调整情绪状态 // 061

1. 为什么会厌学 // 063

   社会功能结构未能均衡发展 // 063

   过度追求完美引发心理失衡 // 065

   早期安全感缺乏诱发焦虑 // 068

   家长的不良情绪同样会诱发焦虑 // 072

   心理落差造成情绪波动 // 074

2. 提高学习效率的积极情绪 // 080

3. 终身热爱学习的方法 // 097

   学习过程中体会学习的快乐 // 097

   解决问题中感受自我的成长 // 102

第四章

构建知识结构 // 111

1. 构建知识结构的重要性 // 113
2. 需要提前做的两个准备 // 117
   知识存储的形态越多越好 // 117
   了解知识的分类 // 120
3. 构建知识结构的方法 // 130
   探索新旧知识的关联 // 130
   寻找题与题之间的共性 // 131
   发现知识点间的联系 // 135
   画出知识结构图 // 139
4. 针对性完善各类学习困难生的知识结构 // 141

第五章

改变思维方式 // 145

1. 思维能力影响人的一生 // 147
2. 增强思维能力的方法 // 160
   使用问题中心图式 // 160
   使用同化学习策略 // 163
   培养顿悟思维 // 172

3. 培养思维能力时的常见问题 // 180

　　过度关注学习结果，忽略学习过程 // 180

　　家长对孩子的情绪控制 // 182

　　家长对孩子替代过度 // 185

第六章
完善自我管理系统 // 187

1. 为什么要完善自我管理系统 // 189

　　善于自我管理的孩子能够终身成长 // 189

　　善于自我管理的孩子懂得自我规划并敢于实践 // 190

　　善于自我管理的孩子会借助每一份经历来成长 // 192

　　缺乏自我管理能力的孩子一生都很难独立 // 194

2. 完善自我管理系统的方法 // 201

　　让反思成为习惯 // 201

　　跳出细节，纵览全局 // 205

　　终身成长，终身完善 // 211

3. 自我管理的终极意义 // 216

　　成长随时随地发生 // 216

　　时刻把握人生的方向 // 219

　　及早看清自我，走上自我觉醒之路 // 222

第七章

八种常见学习问题案例分析 // 225

1. 学习成绩差是因为智力不行吗 // 227

2. 成绩不理想是因为不努力吗 // 231

3. 成不了学霸是因为学习没方法吗 // 241

4. 成绩为何起伏不定,逢大考必失利 // 248

5. 孩子为什么会偏科 // 253

6. 孩子为什么学习不积极 // 259

7. 孩子为什么会沉迷于游戏 // 266

8. 孩子写作业为何会拖拉 // 272

第一章
如何拯救我们的学习

人的大脑喜欢简单有序的信息。而身处高度发达的信息时代，我们的大脑每天不管主动被动都会接收到大量的信息。但是，很多人很难将大脑接收到的信息进行深加工。在本书中，我希望可以将复杂信息简单化，将心理学、教育学及脑科学的理论转化为可操作的系统指导，推动学生乃至家长的自我成长。

从事教学工作二十余年，我接触过的每一位学生所展示出来的成长潜力，几乎都超出了大家的想象。正如我一直坚信的人本主义观点所言，任何人都具有终身成长的能力。我的心理学启蒙导师金洪源教授也认为，任何学生的学习情况并不是由学生的先天智力和主观意识简单决定的。这些都成为我创立元认知五维高效学习法的动力。

1. 目标远大的人，才会拥有大格局的人生

每一个人都有自己的人生目标，只是不同的人目标会不同。成功者要规划一年挣几个亿，而拾荒者可能只考虑一天能捡到几个瓶子。同一个人，在不同年龄段的人生目标也会不同。孩提时，我们可能只是期待妈妈给我们买爱吃的糖果；成人了，我们的目标就会变成赚多少钱，开什么车，买什么样的房子以及如何照顾好家人，等等；进入老年后，我们又开始琢磨如何才能长命百岁、安享晚年。

我的父亲是一名技术管理者，在我们兄妹小的时候，他就常常教导我们要好好读书，将来才能过上比父辈更好的生活。因此，尽管当时我们住在农村，可父亲从不关注我们家里养的什么鸡、种的什么菜，他更关注我们这些孩子每天读什么书，写什么字。而我那些同龄人的父母，他们更多是关注家里的"财产"。比如，家里养了几只鸡，白的几只、花的几只；母鸡一天生几个蛋，蛋是什么颜色的；门前地里都有什么菜秧；等等。

和同龄人相比，我们看不住自己家鸡下的蛋，看不住地里的菜。在村里人眼中，我们几个孩子显得非常傻。村里人大多觉得与其让孩子花时间去读那些没用的书，还不如看住自己家的"财产"来得实在。

如今，我和发小们以不同的方式，在不同的环境中生活着。由于我们各自对自己生活目标的不同，造就了我们不同的生活状态，自然也会带来不同的结果。

正如我在开篇所说的，人人都有人生目标，只是目标的内容、大小不同，实现的手段也不同罢了。

有的人认为从小就应该为长远目标而谋划，有的人则觉得只需要考虑眼前的事情即可。在乎眼前目标的人，他们的注意力就会一直盯着脚下，很少放眼未来。心怀长远目标的人，会显得更有耐心，不太看重一时得失。

家庭教育中，家长引导孩子形成的人生目标，很大程度上会决定孩子的发展空间。若家长只在乎孩子今天考了多少分，为了眼前的分数，急功近利地去补课，孩子最终也会局限于一时的考试分数。有些家长，一直教导孩子要在团体中占上风，与老师搞好关系，让孩子得到老师更多的关注。就算是在早晨排队进校门这种小事上，他们也希望孩子能插队，好比别的同学早入校一会儿。这种家长教出的孩子，在早期肯定会获得一些便利。但是这些便利，也将局限孩子的眼界,让他未来的人生,很难有大发展。

假如您希望自己的孩子拥有潜力无限的人生,那么,您就要引导孩子养成不断完善自己的终身成长的习惯。我经常告诉学生,你眼前能看到的利益,很可能是最不重要的。人只有不断努力,超越眼前既得利益的束缚,才有可能在未来获得当下多数人看不到的更大发展。

若家长可以引导孩子不拘泥于眼前小利,而是放眼未来,关注自身的完善与发展,将自己的人生目标不断定位在未来,那么,孩子就会终身成长,拥有一个大格局的人生。

我辅导过一些高中生,他们都有强烈的厌学情绪,更准确地说,应该是对当前的学习方式产生了厌烦情绪。而这种情绪,严重影响了他们的自我评价。他们很多人都有自卑、自责,甚至是抑郁的情绪。他们对未来失去信心,觉得没有希望,因为他们的学习现状,已经没办法支撑他们实现自己的人生目标。换言之,他们对实现自己之前的目标不再抱有希望,甚至开始觉得就算实现考上大学这个目标也没有任何意义。

我曾教过一名重点高中实验班的学生。他每天除了完成学校布置的大量作业外,还要参加妈妈安排的大量课外辅导课。这些大量的、无休止的重复练习,彻底磨灭了学习带给这个孩子的乐趣。他说得最多的一句话是:"就算考上名牌大学,也没什么意思。"可当他来参加我的辅导时,我发现,其实这个孩子对知识的探索和渴望丝毫没有减退,他讨厌的仅仅是现在的学习方式而已。于是,我开始和他讨论他喜欢的学习方式和学习环境,帮助他树立一个能够给他带来积极情绪、充满希望的学习目标。根据他的家庭情况,我建议他到国外读大学。到现在为止,我都忘不了他那双重新闪耀着光亮的眼睛。听了我的劝说后,孩子妈妈不再逼迫他参加大量课外辅导班。而他也重新树立奋斗目标、踏实努力,两年后果然以优异成绩被美国爱荷华州立大学录取。

我曾辅导过一名有严重厌学情绪的高中生小志。严重的厌学情绪,已经导致小志无法在教室里听课。只要上数学课超过半个小时,他就会觉得恶心、呕吐不止。家长多次带他去医院检查,都查不出任何实质性病变。因此,小志的家长认为是他在故意闹事,亲子关系变得极其恶劣。

无奈之下,小志家长送他来参加我们的寒假特训班。尽管特训班里气氛宽松,同学关系融洽,老师也没有太多要求,但开始时,小志的状态仍旧很不好。他每天感觉恶心想吐后,就会偷偷回宿舍哭,终日陷在低迷情绪中,难以自拔。小志的数学成绩较差,若想考上心仪的国内大学,数学是摆在他面前难以逾越的关卡。可他连在教室里认真听上十分钟课都困难，何谈攻克数学难关。所以，小志自己都丧失了信心，不相信自己还可以正常学习，还可以考上大学。

在和他的交流中，我发现小志这个孩子性格很要强，内心极度渴望成为优秀的人，成为同学中的佼佼者。但是，他对自己现状的不接纳，导致他对未来产生了巨大的渺茫感。这种感觉又让他自责、失落。两种不良情绪交替出现，让小志陷入了极度厌学的状态。这时的他，看不到希望，完全丧失了人生目标，就更加重了他的渺茫感。

发现症结后，我向小志提了个建议：按他现在的情况，其实还可以考虑学好外语，然后去加拿大学习美术专业。听了我说的话，小志十分欣喜，就像获得重生一般。第二天，他不仅上课时不再觉得恶心想吐，还认认真真地听完了一节数学课。在后来的特训课程里，小志每天都积极地投入到学习中。课程结束回到家里后，他还主动跟妈妈提出，新学期开始后想去学校上学。他跟妈妈说："尽管我听不太不懂数学课，但其他文科知识还是能够学进去的。"在短短十来天里，孩子发生了翻天覆地的变化，这让小志妈妈感到惊讶不已。

其实，这就是给孩子树立正确的人生目标的巨大魔力。

我们的特训班，只是帮助这些孩子挖掘自身优势，帮他们找到合理的奋斗目标。而这个优势，又能够支撑他去追求自己的目标。这样一来，孩子的学习很快就可以进入良性循环。

引导孩子确立正确的人生目标，对于孩子的成长有着决定性的作用。而在辅导孩子功课时，确立正确的学习目标，同样是一个必不可少的环节。因此，无论是家长还是老师，都要懂得如何设立适合孩子的有效的学习目标。

那么，什么才是有效的学习目标呢？

首先，有效的学习目标，应能够调动学生的积极情绪。

对孩子而言，在某个阶段找到适合自己的学习目标十分关键。这会令孩子感到心动，帮助孩子找到努力的方向，而这个目标最终是否能实现反而并不很重要。因为随着孩子的成长，他所追求的目标会发生改变。某个阶段目标的作用和价值，更多的是让孩子能够充满动力、积极地朝目标前进。而大多数家长很容易犯的一个错误是，用现实的眼光来审视孩子为自己树立的目标，然后做出消极的判断。这样一来，即便孩子会从目标中获得积极情绪，也容易被成人现实的评论而伤害。

作为老师和家长，我们应该尊重孩子为自己树立的目标，即便它们看起来无法实现甚至有些荒谬。老师和家长对目标的肯定，能让孩子产生积极情绪、为实现目标而努力。这么一来，孩子为自己而设的目标就起到了它应有的作用。

其实，每个人给自己设置的人生目标，很大程度只是为自己带来希望的明灯，而不是唯一的奋斗终点。若是你想让孩子有所成就，就该鼓励他带着激情和梦想去设置一个让他自己心动的目标。即便这个目标最终没有实现，它也会为孩子指明前进的方向，让他有所收获。

我曾经辅导过的一名学生很喜欢飞机，甚至晚上听到窗外有飞机飞过的声音，都要打开窗户寻找飞机的踪迹，直到声音完全消失才肯罢休。这孩子立志要当飞行员，在高二时就偷偷用自己的零花钱买了一套飞行员的模拟装备。知道他的目标后，他的妈妈却十分担心，陷入焦虑之中。他妈妈觉得飞行员这个职业太危险，所以特别想劝说孩子放弃这个目标。他妈妈向我讲述了自己的忧虑，希望我能给点建议。我便向他妈妈说明了何为目标的积极影响。妈妈的焦虑有所减轻，最终没劝说孩子放弃自己的目标。这个孩子带着对飞行员的憧憬，每天坚持锻炼身体，铆足劲头学习。尽管高考后，他并没能实现自己当飞行员的目标。但他和父母都看到了这个目标对他产生的不可忽视的积极影响。

奋斗时，如果没有能够产生积极影响的目标，那么即便每日忙碌不堪，也很有可能只是在通过形式上的勤劳来掩盖内心中真正的懒惰。

2001年，和我一个办公室的同事，是参加工作不久的应届大学毕业生。她在计划考研，却一直找不到最佳的学习状态。发现她的困惑后，我便找她聊天。聊天中，我得知她考研的目标有两个，一个是陕西师范大学，另一个是厦门大学。这两个目标之间，存在很大的差距。同事说，当年高考时她只考上了二本院校，现在考陕西师范大学的研究生，会更有把握些。但无论是学习氛围还是地理环境，她又更向往厦门大学。我得知厦门大学更令她心动之后，便鼓励她选择厦门大学作为自己奋斗的目标。因为这样，她才能在学习过程中产生动力、竭尽全力。

我俩关系不错，出于对我的信任，她采纳了我的建议。很快，她发现自己的学习状态稳步改善，最后成功考取了厦门大学现当代文学专业的研究生。

其次，有效的学习目标，应能够具有可视化的情景感。

我曾连续几年在河北的几所高中做高考特训。培训过程中，我发现阻碍很多学生突破自己上限的关键，并非是他们的智力和学习能力，而是他们缺乏改变自己的动力。和学生进行谈话后，我发现这几所高中的大部分学生，对于自己以后要上什么样的大学,几乎没有明晰的目标。少数有目标的,也仅仅是从身边亲戚家上大学的哥哥姐姐模糊的描述中产生的。我从网上搜集了一些大学的资料及视频,展示给这些孩子看,他们仍觉得这些院校遥不可及。因此,大部分孩子最后给自己确立的目标都是省内的二本院校。除了信息缺乏之外,他们确立这样的目标,更多的是因为对自己的现状感到很满足,没有改变的想法。尽管班主任及家长都希望孩子们能有更大的突破,但他们的目标决定了他们不需要改变。

因此,我建议这几所高中的老师,在以后的教学中尽可能地在寒暑假举办游学活动,带领孩子到不同的大学去感受一下,让他们在心中对大学生活留下具象画面。这些具象画面,在孩子确立自己的目标时,能够起到辅助作用。

最后,有效的学习目标,应能够让孩子从学习中找到支撑目标的成功体验。

如果将目标比作海中指路的明灯,那么我们还要找到能够到达这盏明灯所在灯塔的船。我们更要相信这条船具有期待中的速度,可以驶向未来的目标。

2009 年,我通过 10 次课就帮助一个原来年级排名第 689 的高中生考到了年级第 116 名。辅导前,我给这个孩子确立了一个学习目标——进入年级前 100 名。听到这个目标，当时排名已经接近年级第 700 的孩子，根本不敢奢望。他怯生生地问我，是不是把目标定在年级前 500 名会更适合自己一些。

按照成年人所谓的出于对现实情况的考虑，一个年级第 700 名的孩子，将自己的提升目标定在年级前 500 名，才是设定了一个合理的目标。至于进入年级前 100 名，简直有点痴心妄想。

然而，决定一个目标最终能否实现，其实在于当事者能否持续不断地朝着目标去努力。而这个过程的关键，则是当事者能否在学习的过程中不断体验到当前学习是特别有价值的。

就像我给这个孩子确立的目标，听起来就很遥远，若是还没有行动表现的话，任何人都不会相信这个目标能实现。

在辅导过程中，我每上完一次课，都会让这个孩子说说自己觉得离目标的距离还有多远。十次课下来，他从最开始的毫无信心，慢慢地有了 50% 的信心，然后到 80% 的信心。

孩子的信心不是凭空而来的，是在学习过程中不断增长的。前三次课结束时，这个孩子已经从原来拿到题目就发呆，到敢于动笔尝试解答。随着辅导的深入，孩子解题准确率不断提升，最终基本保持在 85%，这才开始对目标的实现有了些许的信心。

　　学习过程中的成功体验，让这个孩子对实现目标的信心大幅提升。当每天都能够在各科作业练习中稳定实现 85% 的解题准确率时，这个孩子就开始真正相信自己能够实现进入年级前 100 名的目标。尽管到了最后，他只取得了年级排名第 116 的成绩，还是未能进入年级前 100 名。但这个成绩已经远超了当初那个他自己也觉得比较现实的目标——年级前 500 名。

2. 用五维高效学习法重建学习模式

作为长期从事一线教育工作的资深教育从业者，在多年的工作和学习中，我了解到：认知心理学中提及的知识智力观与情绪相互作用；大脑神经机制中情绪与思维两个神经通路存在相互干扰的情况；学生的自我管理能力对整个学习系统循环发展具有重要作用。

我将上述三方面融合，设计出了具有普适性的"元认知五维高效学习法"，这种方法阐明了行为习惯、情绪状态、知识结构、思维方式、自我管理五个因素的相互作用，以及它们对构建学习系统的深刻影响。

培养行为习惯

日常行为习惯包括了生活习惯和学习习惯。良好的日常行为习惯，特别是学习习惯，能在一定程度上促进孩子学习系统的建立与发展。

生活习惯是学习系统得以运转的基础。如果一个学生缺乏良好的生活习惯，即使思维方式和知识结构都比较完善，也很难获得优异成绩。

将试卷分门别类整理好，课本有序摆放，等等，虽然是一些小事，但这些小事往往会成为影响孩子实现高效学习的制约因素。

与学习息息相关的学习习惯，自然更为重要。在小学阶段，许多家长只关注孩子思维方式的发展，不关注孩子学习习惯的培养。家长总觉得，聪明的孩子只要动动脑，似乎很多问题都解决了。因此，大部分男生在规范学习习惯上都存在严重的问题。例如，解题时很少动笔，基本上只靠眼睛看。这样的学习习惯很容易导致做题马虎这类问题的出现。而且进入高年级学习后，这些不良学习习惯还会降低解题效率。

拥有良好学习习惯的孩子，在学习上能够自己弥补知识的漏洞。我儿子班里排名第 1 的是一个小姑娘，她经常会和全班同学分享一些自己的学习心得和学习习惯。她的分享，不仅对同班同学甚至是对我们这些家长都有所启发。例如，规范记录课堂笔记，课本物品有序摆放，每天午休时整理老师布置的作业。我看过这个小姑娘做作业时用的草稿纸，规范程度和作业差不多。

当然，家长教育孩子时不应以别的孩子为样板来批评自己的孩子，这样容易挫伤孩子的自信。但在平日的课业辅导时，家长还是应该引导孩子意识到旁人良好日常习惯带来的好处，让孩子自己主动去培养好习惯。

调整情绪状态

2011 年，我在山东一个高中开设特训班时见过一个比较具有代表性的学生。这名高二学生，自从上了高中后，无论大考小考、题目难易，他的成绩排名都是年级第 1。听他的老师和同学介绍，这名学生在日常学习中从不会无限制地延长学习时间、无休止地增加做题量。甚至，旁人都没看到过他在学习上多么地着急。

我在辅导中和这名学生进行了沟通，发现这个孩子有一个很明显的特征：情绪一直非常稳定平和。即便写作业时遇到了难题，他也不会急躁，而是会全身心地投入到解题中。平日里，他很少询问其他同学的学习情况，也从不和别的同学比较。因为成绩好，很多同学会向他请教问题，他从来没有不耐烦，总是耐心温和地给同学讲解。

这个孩子无论处于什么情况下，都是平和安静，遇事不乱。他能够一直保持优异的成绩，与自身的情绪状态是有很大关系的。

情绪状态是影响孩子学习的首要因素。因为孩子不仅在启动学习时容易受情绪制约，在学习过程中同样也会受到情绪的干扰。情绪能影响大脑对信息的加工过程。例如，消极情绪会制约"顿悟思维"的实现。因此，当某些事件引发焦虑情绪时，孩子就容易在学习过程中出现分心、学习低效、做题马虎等等学习障碍。只有在学习过程中能够保持情绪平和，孩子才更有可能感受到学习是一件快乐的事情，才能有积极心态去应对学习中遇到的困难。

构建知识结构

总结多年一线教学经验后，我发现一个现象：高考时成绩能达到一本线 A 段的孩子，大部分各学科成绩都比较均衡。严重偏科的孩子，高考总成绩很难达到重点大学的分数线。

由此可见，**孩子的知识结构越完整，越容易取得好成绩。**

学习的过程，本质就是利用大脑里存储的旧知识来解释新知识，然后建立起新旧知识联系的过程。 大脑中储备的早期知识是影响一个人未来学习的关键。

学生在课堂听讲时，如果无法顺利从大脑中找到旧有信息与老师讲授的内容对接，就无法建立起新旧知识的联系。当出现听课障碍后，学生容易对学习产生消极情绪。消极情绪又会干扰思维对知识的加工，致使知识结构松散。

知识结构松散，又会影响新知识的顺利吸收。久而久之，恶性循环就形成了。

这个过程就像工厂加工产品。大脑里原有知识宛如原材料，种类越丰富、储备量越大，工厂越能加工出品种丰富、品质精良的产品。反之亦然。

早期教育阶段，孩子的知识储备量越大，越能保证知识结构的完整完善，越对日后学习有帮助。

改变思维方式

构建完整的知识结构，表面上是知识点的背诵记忆，本质上则是依靠完善的思维方式。

思维方式，需要在一定知识量的基础上通过反复解决问题来建立。 孩子只有在对未知世界的探索中才会不断思考，将原有知识和所遇问题建立联系、寻找处理方法。

若想孩子能够拥有完善的思维方式，家长不仅要鼓励孩子勇于探索，还应引导孩子独立思考，让孩子能够体会思考带来的快乐，增加孩子解决问题的信心。

我教过的一个学生小黄，对任何问题都会不断地探索和研究。即便遇到了困难，他也不会轻易放弃或向大人求助。上小学一年级时，小黄爱上了围棋，非常想学。可惜的是家里没有大人能教他，也没找到合适的围棋教室。于是，小黄自己购买了围棋入门的相关书籍，边看书自学边上网找人下棋。他就这样边学习边实践，再从实践的失败经验里学习，现在已经下得有模有样了。

在和小黄妈妈交流时，我发现小黄从小就对探索有热情。即便是简单知识，他也不满足于知道结论就好，还会去探索结论是如何获得的。小黄就是在不停的探索中，丰富了自己的知识结构，建立起完善的思维方式。

完善自我管理系统

自我管理能力是指受教育者依靠主观能动性，按照社会目标，有意识、有目的地对自己的思想、行为进行转化控制的能力。在五维高效学习法中，自我管理系统更强调一个人对自己学习过程中每一个变量的觉察、调控能力，以及对自我资源的调节、优化能力。

良好的自我管理能力是一个人应该具备的重要能力。五维高效学习法中提到的自我管理，还包括对五维高效学习系统中的行为习惯、情绪状态、知识结构以及思维方式进行反思和调节，使系统中的每一个变量都得到和谐发展。

自我管理能力的发展，在早期教育阶段很容易被家长忽视。因为这个因素在早期的学习过程中很难看到它对学习成绩的帮助。恰恰相反，那些由父母管理得很好的孩子，在早期教育中更容易显得优秀。例如，家长让孩子在早期参加大量辅导班，而该阶段的知识比较简单，孩子可以单纯地依靠不断重复和学习时间延长就获得好成绩；好的成绩反过来又进一步强化了这种学习方式。因此，父母很难看到孩子自我管理的作用，只会看到完成大量学习任务带来的效果。

这样的家长大多在孩子上小学阶段过于关注眼前的学习成绩，而不注重培养科学的学习方法。等孩子升入初高中后，这种只靠大量单一重复的学习方法很快会显露出弊端。但孩子的学习习惯、思维方式已经养成，学习障碍必然会出现，时间早晚而已。

有些家长明知道这种方式的局限性，但盲从心理让他们没有想过要去改变。只有少数家长，认识到这种学习方式及父母的替代管理会给孩子未来发展埋下隐患，能够放下眼前利益，引导孩子发展自我管理能力。

自我管理能力是人成长系统的发动机。无论是在学习上还是在未来的工作和生活中，具备自我管理能力的学生必然拥有自我成长和完善的能力。缺乏自我管理能力的孩子，在家长的监督下，可以获得家长期许的成绩，考上理想大学。但考上大学并不是人生的终点，学习本身是伴随人一生的事情。这些依赖父母管理的孩子进入大学或步入社会后，就会出现这样那样的问题。每年因学业不合格被退学的大学生中，不乏当年入校时的成绩优秀者。究其根源，多半都是因为缺乏自我管理能力。

优秀的学生都具有极强的自我管理能力。因为他们需要通过自我管理能力来实现对自我系统的完善和优化。

刚刚工作那几年，我作为班主任需要经常和学生讨论学习问题。有一次，班级排名第1的学生问我了一个问题。我至今记忆犹新。那名学生问我："老师，为什么我上次月考和这次月考都以同样的方式去学习，这次月考成绩非但没有提高反而下降了呢？"

那名学生的问题，很有代表性，综合了心理学知识和教学经验思考后，我突然明白了一个道理：学习系统需要不断改善。后来，我告诉那名学生一个我认为比较理想的答案。我跟他说："学习知识不是简单的重复，学习方法需要不断的优化。"

那个孩子后来成了北京航空航天大学的研究生。我工作时所在的中学，只是一所普通的乡镇中学。当时的毕业生中考上大学的孩子不算多，愿意不断学习提升自己的就更是凤毛麟角了。这个孩子能取得后来的成绩，跟他不懈的努力和提升是分不开的。而从他问我的那个问题就可以看出，这个孩子已经具有良好的自我管理能力，懂得自我反思、自我调节、自我完善了。

那些能够将学习和休闲时间平衡好的学生，往往在自我规划和时间管理方面的能力都比较强。

辽宁省 2012 年的高考状元，恰巧是我先生同事的孩子，所以我比较了解。那个孩子就是具备极强的自我管理能力。他从高中阶段就开始离家去外地上学。每天，他都将自己的生活安排得井井有条。上课时认真听讲，课余参加校内各项活动，学习和活动之间平衡发展。后来，这个孩子高考时考了清华大学自主招生第 1 名。

鞍山地区 2005 年的高考榜眼、考入北京大学光华管理学院的女生，也曾是我的学生。我在她中考前后都给她做过物理的学习指导。指导过程中，我和孩子讨论过初高中之间的差异。孩子对此的看法让我感到很惊讶。那时，她才刚刚步入高中两个月，但是对两者的差异总结得非常透彻。特别是谈到如何解决学习困惑时，她提出调整情绪、静心思考不被情绪所制约是解决这个问题的关键。这个孩子遇到困惑时，就会弹琴放松。很多时候，她都能很快地从困惑中走出并有所收获。

每一位希望孩子能够走得更远的家长，都应该及早舍弃自己的包办心态，引导孩子在早期学习中就开始逐步培养自我管理的能力。无论是对学习还是成长，良好的自我管理能力，都能起到事半功倍的作用。

3. 通过解题，完善思维能力和人格

爱因斯坦曾说过，当我们忘光了学校里所学的知识后，剩下的东西才是教育。由此可见，教育的主导思想和目标不应只关注知识本身，而应更多关注思维的发展。

人的大脑有一个特点：在持续的学习过程中，容易将通过学习或解决问题获得的经验固定在潜意识中。当类似问题再次出现时，大脑会不假思索只依靠潜意识来处理。然而，哲学家曾说过，人永远都不会踏进同一条河流。因此，一旦一个人过于依赖固化的处理模式，必然会在解决新问题的过程中遇到障碍。

正因如此，如果想要提升解决问题的能力，人就必须不断打破自己的思维模式，对思维进行重构。这就是每个人在成长中需要具有的自我反省、自我突破能力。而是否具备自我反省、自我突破的思维习惯，将会影响一个人的一生。

我接触过的学生中，小浩就是一个典型例子。小浩在

小学三年级之前一直是班级的第 1 名，直到小学毕业前，都可以算是个小学霸。可由于小学学习方式没有选对，过度在乎成绩，小浩花费大量时间去记忆知识而忽略了思维方式的锻炼。进入初中之后，错误的学习方式带来的弊端开始出现。到了初二后，这种弊端在小浩的物理和数学两个学科的学习中表现得尤为明显。

小浩妈妈对小浩的学习状态感到非常困惑。她百思不得其解，为什么小浩平时可以熟练背诵的知识点，一到考场答题时就会混淆；为什么平时做过的题型，考试时稍微变化，小浩就不会做；为什么同一个知识点，平时做过的题型就能解答，遇到新题型就完全抓瞎。就连小浩自己都非常纳闷：总觉得已经学会的知识，在考试时就是无法灵活运用；学习时比小学阶段还要勤奋努力，成绩非但没上来，反而下滑得有些厉害。

心里着急的小浩妈妈经人介绍，带着小浩来向我求助。

为了判断小浩学习困难的症结所在，我给小浩做了个小测试，让他举例说明什么是参照物。小浩望着天花板想了半晌，磕磕巴巴地说了一堆话，也没能清楚地表达何为参照物。

通过对小浩行为表现的观察，我看出他在回答问题时只是试图通过背诵参照物的定义来说明。然而，学好物理的关键所在，不单是牢记物理学定义，更重要的是要将物理学定义与生活中的实际相联系。如此，在分析物理问题时才能够真正运用好知识。

因为之前的不良学习习惯，小浩已经养成了一个固有思维：学习任何学科，只是机械地记忆和背诵相关知识点，并以是否将知识点背诵下来作为衡量自己是否学会的标准。这种思维，导致了小浩在分析和解决难题时容易出现错误。

小浩缺乏自主思考能力，不单单表现在知识的灵活运用上，同样表现在生活中。小浩妈妈曾经提过一件事：有一次，小浩和同学一起去书店看书。返回时，同学建议选择一条新路做尝试，小浩断然拒绝、坚持原路返回。为此，小浩和同学闹得非常不愉快，最后只得分道扬镳，各走各的。虽然这只是一件小事，但也从侧面反映了小浩在生活中很少想要去探索未知事物。

在学习中遇到疑惑时，小浩大多时候都是选择等待老师讲解，很少自己主动寻求答案。即便是听老师讲解，小浩的重点也多是放在努力记忆答案本身，很少关注答案的推导过程。这一点，在小浩对数学题的解答中表现得非常明显。凡是老师讲解过的题目，他都能清晰记忆。但是一旦出现变形的题目，他就会摸不着头脑，只能等待老师的讲解。因此，他在考试中常常会因做过的题目有了变化不知道如何解答而丢分。

小学知识简单，只要通过机械的重复记忆，就很容易在考试中取得好成绩。有些学生在小学低年级通过重复性记忆获得了好成绩后，就很喜欢通过这样的方式来学习知识。最终，这类学生容易养成一个思维定式：学习新的知识，只去记忆，不去理解。久而久之，大脑思维固化。这些缺乏探索力和创造性解决问题的能力的孩子，随着年级的提高，成绩都会出现下滑趋势，只是明显与否。

因为小学高年级后，所学的知识系统开始变得复杂，越来越多的知识点要求学生必须通过将其理解加工后纳入自身知识体系才能熟练运用。如果单靠死记硬背，就会慢慢出现无法灵活运用的情况。

进入初中阶段，知识的复杂性、系统性比小学高年级更甚。死记硬背这种思维方式的局限性就会更为凸显。就像小浩，尽管他努力延长学习时间和增加学习任务，但是学习效率仍然低下，成绩不但没有提高反而下滑得厉害。

基于此，我给小浩设计了有针对性的辅导方案。

我牵着小浩的手一起往前走，让他感受运动的过程，并观察自己和地面、桌子之间发生了什么变化。在这个过程中，我会根据他的反应来讲解教材中参照物的定义。

通过这个简单的演示，小浩真正理解了参照物这一知识点。同时，通过这种学习过程，小浩慢慢发现将书本上的知识点与生活实际建立联系，比死记硬背更有助于加深对知识点的记忆。

经过一段时间的辅导之后，小浩开始学会通过理解知识点来记忆，并且渐渐懂得对知识点进行多角度深加工学习，逐步建立起了良好的学习思维体系。运用探索性思维学习一段时间后，小浩的成绩开始有了明显提高，学习时也没有之前那么吃力了。

类似小浩这种情况的孩子有很多，很多家长因为不知道孩子学习问题背后的根源，只会外部归因，寻求外力帮助，如寻找名师、转到名校去上学等。但这些办法，是否真的能够解决由思维模式不正确引发的学习问题呢？

小宇上高中后，各方面都很努力，可学习成绩不但没有进步，反而下降得厉害。小宇家长没有认真研究孩子问题的根源，只是用了简单粗暴的办法——择校去解决。依靠着小宇妈妈的"神通"，小宇转到了当地最好的中学读书。可小宇转到新学校后，非但没有进步，反而出现了严重的厌学情绪。到了最后，小宇待在家里，无论谁劝，都不愿意去上学。

当孩子在学习中没有获得好成绩时，很多家长只会盲目认为要么是孩子不够聪明不够努力，要么是没有遇到优秀的老师。所以，家长的重点全放在寻找名师、名校以及上各种课外辅导班上。买学区房、四处托关系，就是为了让孩子能转入重点学校；同时，还要花费大量金钱私下请各种名师为孩子补课。

可家长却没意识到，无论是怎样的名校名师，他们所能做的也只是替学生总结出通用的解题策略和方法。如果孩子没有养成一个好的学习思维习惯，光靠死记硬背解题套路，是很难获得优秀成绩的。

名校名师，为了使学生在考场上能够考出好成绩，的确是想尽一切办法来研究大量题型、做大量练习。可正因为如此，他们反而无法关注如何塑造学生在面临新问题时的自我调节能力。相反，名校名师会控制孩子的整个学习系统，如学习的时间和内容，反而压缩了孩子独立自主的学习空间。在缺乏独立自主的时间和空间下，孩子无法实现自我探索和自我调节。

就像小宇，他转到名校后之所以会出现厌学情绪，就是因为他受不了学校的各种规定。如不能和同学走路离得太近，不能在课上转头、转笔等。而且新学校的作业太多，动作稍微慢一点儿就会无法完成作业。

小宇本来就缺乏科学的思维方式，再加上学校作业量过大，很快就觉得吃不消了。于是，小宇出现了厌学情绪，还带有强烈的自责感，觉得自己不聪明、没有耐力，感觉非常痛苦，不知道怎样才能学出好成绩。

没有自我探索的学习过程，很难获得成绩的提升。孩子出现学习障碍时，只有改变学习过程中的思维方式，提升自我解决问题的探索能力，才有可能真正提高学习能力。

小妮同样也是一个严重缺乏探索性的孩子，只要学业上遇到难题，她都选择放弃。例如，她打心里认为自己压根就学不好数学，所以一遇到稍微复杂一点的数学题，她连尝试都不尝试便直接选择放弃。久而久之，小妮对数学越来越恐惧，甚至产生了放弃数学学习的想法。

小妮开始参加五维高效学习课程后，我们的老师针对她的自身特点，在对她进行数学科目辅导的同时，展开了提升主动解决问题能力的训练。

面对一道在学校课堂上小妮不会解答的题目，我们的老师没有直接给小妮讲解，而是先让她思考，同时在小妮的思考过程中观察她的行为。

我们的老师发现，小妮认真读题读了大概两分钟，然后就陷入了发呆状态。在提醒下，小妮又盯着题看了两分钟，就明确地表示自己无法解题。老师再一次鼓励她做尝试，尽管小妮继续看题，但是明显感觉到她的注意力不在题上。最后，无论老师怎样启发和鼓励她，小妮仍然坚持认为自己不会做那道数学题。

我们的老师之所以让小妮不断读题,而不做任何讲解,是为了促进她的独立思考。而通过观察小妮在这个过程中的表现,老师也看出她其实具备解题的相关知识储备。只是,小妮严重缺乏对问题的探索精神,稍微遇到障碍就选择放弃。

了解问题的根源之后,我们的老师引导小妮开始分析数学题,将题目给出的条件与学习内容建立联系。每一次小妮将题目给出的信息化成相关的知识(公式、符号等)时,老师都对她表示肯定。在不断受到肯定后,小妮对解题产生了兴趣,思维也开始变得活跃起来。而在小妮遇到障碍怀疑自己时,老师则对她进行鼓励。通过启发、肯定及鼓励,我们的老师引导小妮逐渐学会反思型学习,不仅打开了她的学习思路,更重要的是让她重建了学习信心。

从上面这些孩子的例子可以看出,情绪的自我调节和保持积极探索的精神是成功解题的关键之一。

学生解决课业问题的过程就像婴儿学步的过程。刚刚学会走路的孩子,对依靠自己的力量行走,既憧憬又害怕。只有在成年人不断鼓励下,获得了足够的支持和信任,他们才有勇气向前迈出第一步,在摔倒后爬起来继续行走。孩子解题也是如此,当遇到困难和失败时,家长给予他们的应该不是斥责,而是鼓励。告诉孩子,只要往前走就有收获,就算暂时不能收获正确答案,也会在探索过程中提升自己。在这种积极正面的引导下,孩子才可以在对问题的探索中提升自己。

如果在运用知识解题过程中,孩子能够不断地自我觉察与反思,实现自我调节、自我突破、自我完善,他的思维系统就会随之而不断地得到发展。

小马的妈妈就是一个充满智慧的妈妈,她经常创造机会让小马独自面对和解决一些问题,即便处理得不是太完美也无妨。

在小学四年级时,小马妈妈就联系了英国的一个寄宿制家庭,让小马独自到英国住了三个月,而且还就读了当地小学。这个举动,在大多数人看来,简直是让孩子去冒险。有时孩子还没踏出家门,家长就已经开始担心孩子吃得不好、住得不习惯等。而小马妈妈则认为这些是孩子自我成长的契机。因此,从四年级开始的每一个假期,小马妈妈都会给小马安排一次独立出行的活动。这段经历让小马与同龄孩子相比而言,独立解决问题的能力强了许多。

在学习上,小马也很少提前去学习下个学期的课程。新学期伊始,和那些提前学习的孩子比,小马似乎对新知识的接受要慢些。但是只要开学一个月,小马的优势就凸显出来了。良好的学习习惯促使小马深入探索，保证了他对知识点的掌握度。而依赖重复机械记忆去学习的学生，一旦进入知识的整合运用时就会暴露出自身的局限性。

小马在成长过程中，经常遇到必须独自解决的问题和困难，极大地锻炼了自己的探索能力和心理承受能力。因此，他在未来生活中更愿意选择具有挑战性的目标。

孩子在学业上能够成功实现自我调节、自我突破、自我完善，把问题中的已知条件与自己掌握的知识不断地建立联系的过程，如同人不断成长的过程。每一次成功解决问题后，自我反思、对自己思维障碍点再认识的过程，正是孩子自我完善和自我突破的过程。

在我看来，教育的根本目标，是引导孩子在学习知识的过程中改进自己的思维习惯，同时培养出不断地进行自我完善与自我发展的积极人格。

初三学生小茗很聪明，反应也快，但每次物理考试成绩都不理想。分析他的试卷时，我们发现小茗做题时经常粗心大意，顾此失彼。做选择题时，审题经常丢字落字，看不清题目的要求，如把"选择正确的"看成"选择不正确的"，把"不符合要求的"看成"符合要求的"；做计算题时，小茗经常只是粗略地读一遍题目便开始着手做题，然后因为疏忽而导致结果偏差。如题目明明要求计算物体通过某路程的时间,而小茗只是计算出路程就以为自己已经做完;做物理题时,他又经常忘记物理单位需统一的要求,把不同单位的数值放在一起计算。

了解了问题所在后,我们通过给小茗讲解他所做过的一套物理试题,帮助他分析找出自己的问题。

在老师的关注和引导下,小茗都能正确解答出错题的答案。这一点,进一步证实了小茗做错的题目大多数不是因知识点掌握不牢而是因解题过程中思维不严谨造成的。

我们在辅导过程中,首先,通过练习让小茗逐渐认识到,如果可以改掉思维不严谨的毛病,那么他因为疏忽而导致的错题将大大减少,他的学习成绩就能够得到突飞猛进地增长,进而将来可以考取理想的高中。其次,老师向小茗示范了正确的解题步骤,并通过一定练习来加以巩固。

在解答过程中,老师会引导小茗进行自我对话,反复问自己:"对吗?"经过思考之后才真正落笔作答。

在随后的辅导中,当解题演示结束后,老师都会让小茗考虑一下老师每一步在做什么,而他在独立解题时又应该注意什么。

小茗独立解题时,老师会在他做每一步时提醒一次:"再想想,这么做对吗?"经过这样的反复对话,让小茗建立起自我反省的模式。

小茗：一辆客车的速度是 36 千米/时……

老师：这说明什么？

小茗：说明了客车的速度 v。

老师：再想一想，你想得对吗？确定对了之后，再继续。

小茗：嗯，我确定。匀速从甲地开往乙地，已知甲乙两地相距 1200 米。

老师：这说明什么？

小茗：说明了甲乙两地的路程 s。

老师：再想一想，你想得对吗？

小茗：嗯，没错。然后，需要求客车从甲地到乙地的时间。

老师：这表示要做什么？

小茗：表示题目要求计算时间 t。

老师：再想一想，你想得对吗？现在明确已知条件 s、v，找到要求的量 t，用什么求呢？

小茗：根据速度公式 $v=s/t$，推导出 $t=s/v$。

老师：自己想一想，对吗？还需要注意什么？

小茗：观察单位是否统一，进行换算。

老师：想一下，对吗？然后再解答。还要再想一下，还有什么疏忽的吗？

后来的辅导过程中，我们检查小茗的作业，发现作业中仍有因解题思维不严谨造成的错误，但还是表扬肯定了他的进步,并让他要对自己能改掉马虎的问题充满信心。因为我们在小茗做题的过程中看到了小茗的进步,他的自我调节、自我监控能力都有所提高。

除了多加鼓励之外,我们还通过演示和复习,不断强化和完善小茗大脑中的正确解题程序。过了不久,小茗兴奋地告诉我们,当天的物理测验他得了85分,这是他到现在为止物理测验中的最高分。更重要的是,大部分丢分点都是因知识点掌握不牢固,只有两个是因为解题过程疏忽而出错。

我们首先肯定了小茗的进步,鼓励他继续按照正确的解题方法解题;然后和他一起探讨那两个因疏忽出错的丢分点产生的原因,彻底铲除他思维不严谨的根源。

小茗答题马虎的情况得到了大大改善之后,学习成绩有了极大进步。不仅如此,小茗家长还说他就连生活上毛躁的毛病都改了不少。以前小茗出门常常会忘记带钥匙,现在锁门之前都会问问自己是否带好了钥匙。可见小茗的思维习惯变了,让他的学习和生活都会发生良性变化。

学生高乐也是一个典型代表。她曾经给我打电话咨询,说自己处于一种非常焦虑的状态。

进入高三后,高乐就一直担心自己能否考上理想的大学，一看到同桌考得比自己好，就会心情烦躁。看到自己的成绩原地踏步时，就忧心忡忡。除了情绪问题之外，高乐学习时还很容易受他人的干扰，无法专注于自己的学习。譬如，看到同桌正在学习的内容，明明知道每个人的侧重点不同，她仍会扔下自己正在学习的内容，去和同桌学习相同的内容。

面对繁多的复习资料，高乐常常会茫然不知所措，不知该从何处下手，自己踌躇再三，最后仍旧没有结果。就如同她在面对一道物理题时，总觉得学过的公式都有用、都得用，但是到底该用哪个公式呢，她完全判断不出来。

听完了高乐的苦恼，我发现困扰她的问题，是很多学生在高考前都存在的状况。

状况一，无法处理生活和学习中的问题，即面对纷繁复杂的信息不知道要抓住什么。是要在乎结果，还是要在乎过程？是要在乎分数，还是要在乎吸收了哪些知识？

状况二，在面对知识的学习过程中，不知如何弥补知识的不足。表现在不知该先选择什么学科或在一个学科中先选择哪一部分复习。

状况三，很容易被解题过程中的微观思维过程所困。

表面上看，这三种状况好像没有多大的联系，事实上，它们都属于一类问题。它们的本质都是学生无法抓住事物的主要矛盾，在处理复杂信息的过程中无法将复杂信息简单化，从而不能找到解决问题的关键，因此容易产生焦虑。这种情况，在解决课业难题的过程中尤为明显。

解决一个复杂问题时，首先要抓住主要矛盾，然后结合主要矛盾不断地把复杂信息简单化。就像面对一个学科问题，需要的是透过复杂信息找到解决问题的关键信息及关键知识（利用大脑的原有知识加工问题情境的知识）。譬如，解答一道物理题时，我们要透过题中纷繁复杂的信息，找到信息背后的深层次的根源。看到题中给出的"漂浮"就能想到 $G=F$（重力 = 浮力）；看到一个物体从另一个物体光滑表面由高处下滑时，就能明白物体在整个过程中只有重力做功，然后联想到机械能守恒定律，得出 $mgh=mv^2/2$。

如果学生在每次面对某学科复杂问题时，都能够透过复杂信息找到问题的主要矛盾，发现解决问题的新思路，那么这个学生的该学科学习能力往往比较强。而这类学生所表现出的对复杂信息进行加工处理的能力，也同样可以体现在其他学科及各个学科的系统平衡中。虽然要面对很多学科，但是他们仍然能够深入地分析自身存在的问题以及自身容易突破的问题。即便是面对学习系统与生活系统中的干扰因素时，他们仍能够透过复杂的表面现象，抓住主要矛盾。

高乐参加五维高效学习课程后，辅导老师通过指导她在学科学习过程中的信息加工和处理能力，进而培养她对复杂信息进行加工的思维方式，最终改变她缺乏信息深加工的思维方式。这种训练，可以让高乐能够面对外部问题时进行复杂信息的简单化处理，找到解决问题的答案；更重要的是，可以让她在面对自身问题时，同样透过复杂现象看到问题的本质，从而解决问题。

和高乐一样，另一个学员晓丽，在做语文阅读时，很难看出文章的真正含义，经常草率地选择答案；解数学题时，看到某个信息就想当然地认为和以前的某个题目相同。她之所以会有这样的举动，证明她思考问题时只注重细节而不顾大局。可想而知，她在生活中陷入细节忽略全局的可能性极高。在和她的谈话中，晓丽也提到她常常会因同学的一句话导致情绪失控而无法专注学习。参加五维高效学习之后，辅导老师指导晓丽在每次解题过程中都尽可能地站在全局上思考，推动她养成每一件事都跳出来作为旁观者去看问题的习惯。经过一段时间的训练，晓丽做题做事做人的格局都有了明显改变。

看到细节，就想当然地认为是全局，这也是很多中学生由于不良思维习惯而造成学习问题的根源之一。通过正确方法学习知识，可以帮助每个学生在学习过程中改进自己的思维习惯，最终不仅能提高学习成绩，更关键的是能完善自己的人格。

2012年高考前，石家庄元氏县一中曾经对学生进行过为期36天的元认知五维高效学习特训。接受特训的这批学生的共同点是，都存在一定程度的焦虑情绪、学习效率低下、意志薄弱的问题。这些问题与学生对环境探知敏感度有一定的关系。

特训过程中，我们通过培养学生思维顿悟，使学生从学习本身体验快乐。不仅增强了他们的学习动力，而且提升了他们学习的持久性、创造性，还锻炼了意志品质。

通过特训，每个学生对自身都有了深入的认识，能够对自身问题进行深入的分析，开始懂得自我规划，积极想办法解决自身问题。他们学会了着眼主要问题、忽略小插曲的人生态度，能够将精力专注于主要方面的发展；懂得了未来的人生需要自己学会承担社会的责任，学会规划管理自己所具有的各种资源，来实现每一个人的人生目标，增强了自我管理能力。

绝大多数的学生，在面对失败时容易放大焦虑。一旦遭遇比较重大的失败，孩子很容易陷入焦虑的情绪中无法自拔。一个人，如果无法很好地调整心态，很难实现积极的人生成长，会对未来发展带来巨大的制约。

我们一直强调，引导孩子养成正确的解题习惯，不只是为了更好地学习知识，还可以让孩子学会心态的自我调整，能够实现情绪状态的自我完善。当孩子成为自己情绪的主宰时，他们才能够在未来的学习中不断地实现自我成长，不断地完善自己的人格。

五维高效教育的重要目标，就是让每个人都能不断完善自我、突破自我，发挥自我潜力，实现自我发展。

第二章
培养行为习惯

习惯是一种自动化的行为方式,是人在一定时间内经过多次重复而逐渐养成的行为方式。

不只是自动化的动作和行为这些具象化内容可以形成习惯,思维等抽象化内容也能够形成习惯。所以,习惯可以说在人的生活中无处不在。

它的出现,大多是为了满足人的某种需要。因此,习惯可能起到积极作用,也可能起到消极作用。

在成长过程中,不良的行为习惯,无论是学习还是生活上的,都是孩子成长路上的绊脚石。

1. 为什么会出现坏的行为习惯

每一个孩子在学习过程中都会无意识地养成一些坏的行为习惯。因为这些习惯在某种程度上符合孩子的心理需求。

有的孩子做题时就是不喜欢动笔,因为他们从小就很懒得动手,很多事情都是父母或者爷爷奶奶帮忙代劳。家长在家庭教育中对孩子的过分保护和替代,不仅会制约孩子的思维发展,也会限制孩子动手能力的发展,使孩子养成很多不良习惯。很多基本事情,如整理物品、穿衣服等应该由孩子自己完成,都经常由父母及家人替代完成。这造成很多孩子严重缺乏动手习惯。这种意识也会影响做题习惯。这类孩子在做题时,尤其是看到文字多的题目时,通常习惯用眼睛看题,在脑中验算,用短时记忆来加工,而很少动笔摘录要点以提高思考效率。这样的行为习惯常常会让孩子出现马虎问题,严重时甚至会导致出现解题障碍。

在小学阶段，这类孩子在课堂上常常表现得反应快、回答问题快，会被老师夸聪明。老师的表扬，又会强化他们用脑子想的快节奏。然而，进入高年级后，对学习能力的要求会越来越完善。这种只爱用脑子思考不爱用笔记录的孩子，到了最后，常常会因不善于将思考过的信息记录在纸上以可视化，导致整合加工信息能力弱，出现解题障碍。

有些孩子在学习过程中喜欢抄写笔记。他们会花很多时间去抄写，甚至是反复抄写，但是往往很少记住抄下来的内容。有这种学习习惯的孩子，大多数在早期学习中被成年人的学习方式强化了。无论是家长还是老师，都有自己评价孩子学习的标准。许多成年人不了解学习过程中内隐的思维表现时，必然只能从学习的表象上去评价，比如写得多少，字迹是否工整，写了多长时间。只要看到孩子的学习时间、学习数量足够多，家长就会表扬孩子。久而久之，孩子就会为了获得更多的表扬而过度追求学习的量和时间。这些早期被强化过的孩子，总会不自觉地关注学习的数量，通过反复抄写去尝试掌握所学内容。

孩子写作业时磨蹭拖拉估计是最让家长头痛的不良学习习惯。这些孩子，有的习惯一边学习一边玩，或者玩橡皮，或者画小人；有的孩子则是喜欢边写作业边看电视。

喜欢边玩边写的孩子，他们的家长在布置学习任务时，往往缺乏对孩子当下学习任务的量和难易程度的正确认识。家长错误的安排，会导致孩子在学习过程中只能感受到痛苦。孩子为了缓解自己的痛苦，自然就会边玩边学。

而喜欢边看电视边学习的孩子，则大多在早期学习阶段往往缺少陪伴和引导。独自学习的他们容易觉得学习枯燥，也会因无法解决遇到的学习障碍而心烦。他们很难全身心投入到做作业过程中，就会想要打开电视边看边做。这么一来，孩子心理上觉得有人陪伴，甚至看到有趣的电视节目时还能因心情放松而减少心理压力。殊不知，这种学习行为习惯一旦养成，并无益处，会使自己无法集中注意力完成作业。

如今课外辅导班盛行，有的孩子宁可外出上辅导班，也不愿自己在家学习。他们一是觉得在家学习没有同伴陪同会无聊；二是认为没有老师的推动，自己无法启动学习程序。再加上，家长普遍担心孩子不具有自主学习能力，保险起见，都会选择将孩子送去上辅导班。家长有一种心理，认为孩子只要进了辅导班，就会认真学习，自己不必再费心安排孩子的生活，也有时间做点自己想做的事情。而参加辅导班的孩子也有一种心理，觉得自己去上辅导课就意味着自己已经努力学习了，既然父母安排的课都上了，成绩再不理想，父母也没办法责怪自己了。如此一来，无论家长还是孩子，都会越来越把学习寄托在课外辅导班上。

然而，孩子每天除了上学之外，还要参加多个课外辅导班时，又会觉得在外面上了一天课已经很累了，回到家就该休息。长此以往，很多孩子就变得一回家就提不起学习兴趣，完全丧失了学习的积极性。

小月，初三女生，在父母离异后，从小便与爷爷在一起生活。爷爷什么事情都替她安排得很好，想得也很周全。但是，这种过度替代导致小月动手能力差，安全感不足，不自信。自己做事时容易出错，错了之后也不敢再尝试。遇到问题时，小月的第一反应就是"我自己做不了，干脆别做，等着爷爷或妈妈来处理吧"。

上学后，小月面对学习问题也是这种态度，从来不想着自己努力去解决，总盼着别人帮助。到了最后，小月对什么事情都不上心，总认为有人能替她做好。

因为父母离异，小月从小就跟着爷爷生活，因此缺乏安全感。她很容易被外界消极因素影响而闹情绪。她渴望与人交流，却又不懂得如何表达自己。

有一次小月爸爸说她学习不认真，就算去补课也是浪费钱，成绩好不了。小月听了爸爸的批评，难过得哭了一晚，又找不到人沟通倾诉。

爷爷看到小月学习成绩不好总想帮她做，帮她学。但是一帮又觉得她笨，很简单的题目都弄不清楚。于是又忍不住批评她。爷爷的批评，导致小月更加不自信，也开始认为自己笨，而且对爷爷也产生了看法。爷爷越讲，她越听不进去，最后即使听不明白也说自己会了。但是，再次遇到类似的题目时她还是不会做。她的消极行为让爷爷更加不耐烦，更确定她笨。

尽管小月家里能给她提供很丰富的物质环境，但吝于给予她积极的评价。就连凡事都想替她做好的爷爷，在学习上也是不断给予小月消极的评价。这导致小月对学习失去了信心，也让她很在乎旁人的消极评价。周围人释放出一点消极信号，小月就会被影响到。

综上所述，在孩子成长过程中，家长应该注意孩子面对的每一个冲突，引导孩子正确解决问题，并且持续引导孩子体验正确的可操作性程序，这样才有助于孩子获得良好的行为习惯。

2. 行为习惯，解决学习问题的入口

学习中，个人行为习惯会无时无刻不对学习产生影响。比如，一个善于整理书包的孩子，每次打开书包都能快速找到自己想要找的东西。这类孩子不仅知道书包每一个夹层里放了什么，而且同样清楚自己某本练习册的完成进度，某个知识点的掌握程度。而那些行为习惯不好的孩子，每次打开书包找书都要乱翻一气，上课时进入学习状态往往也会比其他同学慢半拍。

如果没有养成解题时随时做记录的习惯，再聪明的孩子进入高年级学习后都会在解决复杂问题时遇到学习障碍。当信息量变大时，光靠大脑记忆容易错漏信息点。这样会影响处理复杂问题的解决速度。

平时复习、记笔记、做计划、做作业等方面的习惯都会影响孩子顺利系统学习。如果一个孩子缺乏良好的学习习惯，他的聪明只能表现在课堂的反应中。离开课堂后，如果大脑里的知识没有进行系统化整理，获得再加工咀嚼

的机会，那么很多知识就会随着时间的推移逐渐被遗忘。

要想解决学习问题，必须改掉不良的学习习惯，用良好的学习习惯把大脑中内隐的知识清晰地呈现在作业中，这样，知识才能够有机会再加工，再一次系统化。

如果只在课堂听明白，做题时想明白，却不愿将大脑中思考过的内容正确规范地书写记录，每次写作业，也只是写个答案。这样的孩子在考试时即使心里想得再明白，也很难用文字信息准确地表达出来。

良好的行为习惯不仅是思维条理化的基础，也是知识再加工的条件，同时也是保持大脑轻松愉悦的重要手段。当大脑接受大量信息而无法利用短时记忆进行加工处理时，我们就需要拿出一张纸，把自己的想法一条一条地记录下来。这么一来，我们的大脑可以瞬间放松下来，更有助于思考。这一点已经被脑科学知识验证过。现代人之所以严重焦虑，就是因为大脑每天需要处理的信息过载造成的。

良好的行为习惯也会让很多内隐的变量固化下来，形成不断优化和改善的通道。无论是情绪和思维，还是所学的知识，只有将其转化到行为层面不断地强化，人才能获得改变和进步。

3. 最常见的八种学习行为困扰

孩子在学习过程中会出现各种各样的学习问题，其中有八种最为常见。这些问题都是让家长们困惑不已的典型问题。家长都在不断寻找能够解决这些问题的方法。由于大多数人只会从所出现问题的表面现象着手分析和解决，因此解决问题的效果往往不理想。我先跟大家说一说，孩子学习过程中的行为问题。

学习刻苦，成绩却不佳

有一类孩子，每天都在长时间学习，反复做习题。他们的家长也证明他们每天学习都特别认真，晚上几乎都要学到12点，从不偷懒。可是，这些孩子的成绩却也总不见有所提高。

这类孩子，常常能把书本知识背得滚瓜烂熟，但一做题就错，甚至还会出现混淆定义的失误。

家长们看到自己的孩子如此努力学习，可成绩却总是上不去，找了很多办法都没法解决，最后得出的结论肯定是：自家孩子脑子笨。毕竟，别人家的孩子都学得不累，成绩还好。

特别是，当这类孩子若是文科成绩优于理科时，家长就会更坚信自己的判断：自家孩子脑子不灵活。

遇到这类问题，光从学习时间和学习量的角度去评价和分析，肯定是找不到良好的解决办法的。

脑子灵活，却不够努力

有些孩子思维敏捷、课堂反应活跃，常常会被老师和家长认为是聪明孩子。当这些孩子成绩不理想，或没有实现家长的预期目标时，家长总是习惯性地认为是孩子的主观能动性差。简言之，没有努力或还不够努力。特别是出现某一科成绩不理想的好学生，家长更会认为孩子是主观上不愿意在薄弱学科上下功夫。

传统教育中，很多单科成绩不理想的学生，都会被认为是意识层面的主观不努力造成的。把孩子的学习问题归因到主观不努力之后，家长通常的做法就是一味逼迫孩子学习。但是，孩子往往成绩会越来越差。实际上，任何人在被逼迫的情况下都很难有所突破。那么，主观能动性到底指的是什么？它对学习的影响到底有多大呢？

成绩不错，可从不冒尖

还有一类孩子，学习能力很强，成绩也挺好，通常保持在班级前 5 名之内，但从来没考过第 1 名。老师和家长会觉得这些孩子脑子聪明，爱研究爱琢磨，有时想出的解题思路比老师提供的还要好。他们这种优秀表现常常表现在每个学科上，单科都有考过班级第 1 名的时候。

这些孩子上课认真，学习努力，也积极查漏补缺，可总成绩却从没登顶过。这些孩子的家长也很困扰，他们希望自己的孩子可以再上一层楼。他们认为自己的孩子脑子聪明，学习刻苦，之所以成绩还没达到最理想状态，肯定是因为缺少学习方法。

何为学习方法呢？这些孩子所遇到的问题，是学习方法的问题么？

成绩起伏，大考必失利

有些孩子成绩犹如过山车，起伏不定，一次好一次坏，这次考试刚刚进步了，下次又滑下去了，很多妈妈抱怨孩子成绩就是不稳定。孩子成绩的不稳定，恰恰反映出孩子学习状态不稳定。这些孩子往往是开学时特别抓紧，小考成绩表现不错时就开始放松。等期中考试成绩出现下滑时又开始抓紧学习。到了期末考试说不定又有了些进步。他们之所以成绩不稳定,大多是因为本身的学习状态很不稳定。

还有一类学生,平时学习成绩很好,周考成绩也不错,但是一到大考就失利。他们学习态度端正,从始至终认真投入,似乎也弄清楚了每个知识点,可大考成绩却总是不理想。这也是让家长很头疼的情况。

偏科严重

孩子偏科这个问题,估计能排进困扰家长的教育难题排行榜前五名。有很多孩子在求学阶段想尽一切办法都没办法克服这个问题。一旦出现偏科,薄弱学科就会变成一个无底黑洞。孩子花费大量时间也很难克服,好像再也无法从中挣脱。然而,无论是老师、家长还是学生自己,心中都很清楚:数学学得再好,如果英语成绩太差,总成绩也很难出挑。偏科严重的孩子必将与好学校失之交臂。

偏科,这个学习过程中的顽疾,对孩子的影响是巨大的。出现偏科的孩子,他们甚至在参加工作、结婚生子之后,都没能有效解决偏科问题,还有可能将这个问题"遗传"给下一代。

每一年做教师培训时,我都会发现有偏科问题的教师。

这些教师有个共同心态：大学毕业开始工作后，终于可以不用再学习自己的薄弱学科，摆脱被薄弱学科支配的恐惧。而且他们还有个共性问题：因为担心自己的孩子会和自己有同样的学科问题，所以会提前给孩子加强该学科的学习。可基本事与愿违，就算这些教师提前做了很多努力，可他们的孩子要么跟他们一样出现偏科行为，要么就是能比他们当年好一些，但仍然很难获得该学科的好成绩。

学习不积极

在咨询中，我听家长抱怨最多的问题之一，就是孩子学习不积极。家长常常抱怨自家孩子放学回到家磨蹭半天也不愿意写作业，要么看电视，要么看课外书，就是不想写作业。

写完老师布置的作业之后，多一点课外练习都不肯做。家长询问时，孩子口口声声说什么都弄明白了。考试成绩一出来，各种糟糕。

为了调动孩子学习的积极性，这些家长想尽一切办法，许以各种条件。刚刚开始，这些方法还奏效，孩子的积极性也能被调动起来。时间一久，孩子又会故态复萌。

我还遇到过一位父亲为了调动孩子的学习积极性，甚至用玩游戏作为奖励。这位父亲还制定了一个奖励机制，只要孩子每天做两道数学应用题，晚上就能玩半个小时游戏。坚持一段时间后，这位父亲发现孩子的数学应用题解题能力没提高，对游戏的兴奋度倒是变高了。

怎么做才能真正调动孩子的学习积极性，让孩子产生对学习的浓厚兴趣呢？

沉迷于游戏

现在的孩子，基本都会玩电脑游戏或者手机游戏。有些孩子甚至会趁着妈妈睡觉时偷偷拿妈妈的手机玩游戏。我也经常遇到家长来咨询如何解决孩子沉迷于游戏的问题。

我先谈谈，什么样的情况才算是沉迷于游戏。有些孩子，常常整宿玩游戏，直到后半夜才睡觉。一觉睡到中午才起床，起来吃了饭之后继续玩。每天不去和任何人交流沟通，包括自己的父母。若是父母干扰他玩游戏，就会变得很暴躁，甚至和父母起冲突。这类孩子的行为算是沉迷于游戏。每天玩会手机游戏或电脑游戏，只要不影响正常生活，我都觉得孩子最多是比较爱玩。

大部分家长都会将游戏视为洪水猛兽，有意控制孩子不让孩子接触。但家长的控制也仅限于家里，孩子到了学校，还是会受同学的影响，和同学一起去玩各种游戏。以至于，现在有些家长都快把玩游戏和吸毒等同起来了。

为什么游戏的吸引力这么大？让孩子陷入其中不可自拔。有些以前成绩不错也爱学习的孩子为什么会突然沉迷于游戏不想学习了呢？这类现象背后到底是什么因素在起作用，又该如何改善呢？

写作业拖拉

写作业拖拉，也是让家长头疼不已的问题。很多家长和老师都困惑于孩子写作业时拖拉这个问题。

放学回到家，孩子要么半天不愿意开始做作业，要么做作业时磨蹭许久都做不完。有些脾气急的家长看到孩子磨蹭的样子，很容易就会无名火起。

那又是什么原因让孩子出现这样的问题呢？

以上就是学习过程中八类突出的典型行为问题，鉴于篇幅，这里就不详细展开说，我会在第七章中再和大家具体谈谈。

4. 建立良好行为习惯的方法

简单来说，无论是哪一种行为问题，家长都必须先找到行为背后的本质问题，然后再去寻找解决办法。

作为老师和家长，我们必须陪伴孩子一起去面对行为问题，不断观察、引导和帮助改善。我们应该在旧的行为模式没有出现前进行引导，每引导一步，让孩子跟做一步。当正确行为启动后还要监督，每运行一次，用积极情绪强化一次。每一个系统的行为习惯完整操作一次后，都要反思，回顾总结该行为经历的过程，以达到进一步的强化。

例如，想让孩子改掉写作业拖拉的习惯，家长就该陪在孩子身边，引导孩子随时关注作业问题的解决，带着孩子学会研究信息与信息之间的关系。

我辅导过一个孩子，他不仅做作业拖拉，而且错漏百出。例如，看拼音写汉字，这个孩子第一遍一定读错。我通过观察发现，这个孩子在做作业时总是粗略地审题后就立刻开始做题，所以往往连题目都没看清楚。审题不清，做题时自然容易出错。当出错后再改，他做作业所需时间肯定增加，又会让他变得很烦躁，做起作业来更加拖拉。找到症结所在之后，我就想到了解决办法：我要训练这个孩子在没有出错之前就做好对每一个信息的捕捉。

这个孩子在拼读时常常会把"y"看成"x"，把"an"读成"ang"。这时，我会提醒他先仔细看声母。听到我的提醒后，这个孩子的专注力就上来了。专注度高了之后，他就能对声母做出正确判断。然后，我再提醒他仔细看韵母，让他拼读出来。我在孩子解题的每一步都会适时提醒，让孩子的注意力完全集中在当下的解题上，不断地提升他对信息间区别和联系的敏感度，使他从不断提高的正确率中获得成就感，最终养成正确的行为模式。

当我们不断耐心地用语言提醒孩子，孩子就会慢慢能和我们步调一致。久而久之，孩子就能在成人的引导下开启正确的行为模式。

再比如，想让孩子改掉思考中不随时记录的毛病时，我们就必须不断引导孩子对解决问题的信息进行转化和记录。如果每做一道题就引导孩子对信息转化一次，孩子就会在习惯的改变上被强化一次。举个我们辅导课上的实例，大家就知道如何具体操作了。

老师：读第一句话。

学生：漂浮。

老师：读到"漂浮"想到什么？

学生：重力等于浮力。

老师：用公式表达出来。

学生进行公式书写。

老师：重力该如何表示，浮力该如何表示？

学生进行公式书写。

老师：读第二句话。

学生：有三分之一露出水面。

老师：三分之一露出水面，你能想到什么？

学生：排开水的体积和物体的体积关系。

老师：用相关的表达式表达出来。

学生进行公式书写。

家长或老师不断引导孩子把自己的每一个想法都写在纸上，久而久之，学生在没有家长或老师陪伴下做题，也会养成把信息记录在纸上的习惯。

要想让孩子养成好的行为习惯,需要家长能够静下心来一步一步去引导孩子在行为中改变。而且,家长需要在错误习惯出现之前提醒孩子优先运行好的习惯,然后反复强化,孩子自然而然会改掉之前的坏习惯,养成好习惯。

第三章
调整情绪状态

从教育心理学的角度来说，兴趣是一个人倾向于认识、研究获得某种知识的心理特征，是可以推动人们求知的一种内在力量。学生对某一学科有兴趣，就会持续地专心致志地钻研它，从而提高学习效果。从对学习的促进来说，兴趣可以成为学习的原因。而学习可以产生新的兴趣和提高原有兴趣，因此，兴趣又是在学习活动中产生的，可以作为学习的结果。简言之，学习兴趣既是学习的原因，又是学习的结果。

大家都知道学习兴趣的重要性，但是又很难找到培养学习兴趣的途径。**其实要想使孩子对学习产生兴趣，关键要看心理结构中的两大变量——知识与情绪。**积极情绪是产生兴趣的一大因素。带着积极情绪投入学习，带着积极情绪投入对知识的深加工，即积极情绪与知识建立反射，兴趣自然形成。

当对学习缺乏兴趣时，孩子就会逃避学习，甚至出现厌学的抵触情绪。

1. 为什么会厌学

社会功能结构未能均衡发展

家庭早期教育中,家长应以培养孩子的整体发展为主导思想。人的本质属性具有社会属性,发展方向也是多维度的。只有社会功能结构得到完善,人才能作为一个独立的个体适应社会的发展。如果儿童在成长过程中,被成年人剥夺、保护、替代得过多,就会造成一定程度的社会功能丧失。一旦在作为主体系统的学习中没有取得成功、没有体现出价值时,孩子作为一个独立的个体的整体结构和功能就会出现失调,出现各种情绪障碍,比如厌学。可以说,社会功能结构的均衡发展,是孩子健康成长的关键。

2010年,一位年轻小伙子来咨询。这个小伙子患有严重的抑郁症,每天都感觉周围的人在议论自己。就连坐在家里听到汽车鸣笛声,都会认为是司机在嘲笑自己。

在我的引导下，小伙子介绍了他的家庭背景和个人情况。听完之后，我很快发现了导致小伙子抑郁的根源。

这个年轻人是他们家族这一代 8 个孩子中唯一的男孩。因此，他从小就备受父母和亲戚的呵护。大人几乎包办了他所有的事情。从某一年龄开始，他就发现自己做不到同龄人已经能做的事情。他母亲也认为他做不了任何工作，哪怕是超市理货员，即便他已经 25 岁了。于是，他也不外出工作，只是每天在家炒股。人一旦到了一定年纪都没能找到体现自身价值的维度，就会转向去恋爱关系中寻找。可一个 25 岁了都无法自食其力的男人，很难被女孩子认可。最终，多次恋爱失败，让这个年轻人开始出现了抑郁状态。

除了这个年轻人，我还接触过大量因抑郁症前来求助的高中生。造成他们抑郁的原因，和那个小伙子抑郁的原因在本质上是相同的。

这些高中生的家长，在孩子小的时候大多过分关注或只关注他们的学习成绩。因此，孩子只能从学习这个单一事物中感受到自身价值。上了高中之后，孩子一旦在学习上遭遇挫折或遇到障碍，整个自我评价系统就会崩溃，直至出现心理障碍。

孩子的健康成长，不仅仅只是身体方面，心理方面同样重要。在培养孩子的过程中，家长必须认识到孩子是一个独立的个体，需要整体社会功能结构的均衡发展。这才能促进孩子协调发展，也是孩子在成长阶段保持积极状态的基础。

过度追求完美引发心理失衡

一年暑假，我正领着参加暑期特训营的学生在酒店里集训。有天早上8点，我接到了我先生的一个电话。那是他平日在单位开调度会的时间，所以我吓了一大跳，还以为家里出了急事。

听完电话后，我才松了一口气。原来不是家里出事了，而是婆婆家有位亲戚非常着急地想找我咨询一些关于孩子教育的问题。

每年的暑假全封闭特训营，对参加辅导的孩子都有一个系统严谨的训练过程，所以我通常都会陪着他们一起住在酒店里，以便观察他们的进度和情绪变化，随时沟通。为了不影响特训营课程，期间我一般都不开展别的工作，把全部心思都放在辅导参加特训营的学生身上。

但是先生在电话里的语气比较着急，让我一定要挤出时间去见一见亲戚，说是亲戚家的孩子出了大问题，家中已经乱成一团。听了先生的话,我也不好再拒绝,和同事调整了排班,空出了一段时间专门接待婆婆家的亲戚。

亲戚家夫妻俩一起和我见了面,但整个交谈中,基本都是对方妻子在说话,丈夫只是偶尔插一两句。

事情的来龙去脉是这样:亲戚家的孩子在体检时,接受了朋友的推荐到心理门诊做了心理状态诊断。诊断结果显示孩子已处于中度抑郁状态,医生已经建议孩子服药治疗。孩子知道诊断结果之后,情绪非常低落,已经完全没有心思学习,甚至说一看课本就难过得想自杀。

这个孩子小学阶段学习成绩很好,各项能力也比较强。初中后,随着学习难度的增加,学习成绩渐渐不如小学时理想。父母没有过多地责怪孩子,但孩子经常自责,慢慢开始出现自我评价降低的情况。在学校,孩子非常希望能够得到同学和老师的赞许,但又总达不到自己的理想成绩,让自信心受到很大打击。

我问这位妻子,她家孩子是不是比较追求完美?她说,她自己一开始也不觉得孩子追求完美,后来发生了一件事情,她才意识到孩子可能有这样的性格。

有一次周末,孩子和要好的同学一起去图书馆自习。出门时孩子还是高高兴兴的。晚上回家后,孩子就跟她说,以后再也不要跟那个同学来往了。她觉得很奇怪,就追问原因。孩子说，吃中午饭时，那个同学发出的声音让她觉得很讨厌，所以再也不想见到那个同学。

那件事之后，有好几次孩子放学回家都会跟她妈妈说学校里的同学某些行为让她觉得很反感。其中有些行为，她的妈妈却不觉得有什么不妥。

听完亲戚的介绍，我让他们过两天带着孩子再来一趟，我想亲自跟孩子交流一下，看看孩子的状态。

过了几天，亲戚带着孩子再次来访。和孩子谈话中，我看出这个孩子对自己要求非常严格。她一直拘谨地坐在沙发上，无论是身体还是面部表情都绷得很紧。当问到是否在学校里遇到不愉快的事情时，她的回答基本都是"某老师的某个行为让她很烦恼"或"某个同学的行为让她很痛心"之类。

通过交谈，我看出这个孩子性格中追求完美。当无法实现对自己的期许时，她就会认为这是一种不完美，开始讨厌自己。当自我评价降低又找不到调适方法时，这个孩子就会把自己的关注点转向周围环境。她对周围人的各种评价很敏感，同时又会从自以为是的道德制高点对周围人的行为进行批判，以此来平衡自己假想出来的外人对自己的低评价。

追求完美，是一件好事，可以让人精益求精。但是，无论做人还是处事，过度追求完美，并无增益，反而会产生大量心理冲突、引发焦虑情绪，导致情绪障碍的出现。

早期安全感缺乏诱发焦虑

国外心理学家曾根据实验结果得出这样一条结论：在儿童期形成安全型依恋的人将拥有信赖、自信和稳定的情绪状态；相反，一个未能在早期形成安全型依恋的人，将可能成为一个情绪不稳定和对环境不信任的成人，不能发展成为一个好的父亲或母亲。

还有心理学家认为，人在 0~2 岁就会体验到信任与不信任的心理状态，而这种矛盾必须在这两年解决好。否则，长大后，将会对他人缺乏信任感，严重时甚至无法与他人相处。

一项心理学研究结果表明，安全型依恋的孩子与其他孩子相比，在学步期、学前期和小学阶段，更有可能在同伴中展示出社会才能行为；而回避型依恋的孩子比安全型依恋的孩子会容易表现出更多敌对的、愤怒的、侵犯的行为。

20 世纪 40 年代，心理学家研究过孤儿院的儿童，发现这些孩子通常会表现出两种行为模式：一种是对人冷漠，对保育员和同伴都未形成有意义的依恋关系；另一种则表现为情感饥饿，他们贪求与人交往，以此得到别人的关注和感情。这两种行为模式都会一直延续到青少年时期甚至成人阶段。

这两种类型的孩子，在心理学上都属于基本焦虑程度较高的人群。这类人群在成长中极易因焦虑引发的各种心理障碍，出现情绪上的波动，进而影响学习。

有个朋友的孩子正在上高中二年级。朋友给我打电话说孩子最近出了点问题。孩子学习一直都算比较努力，也想通过自己的努力取得好成绩。可最近孩子在学习时常常会分心。朋友发现这个情况后，便留心观察孩子的日常生活，想要找出让孩子分心的原因。观察一段时间后，朋友发现孩子常常会因与同学的相处而影响情绪，导致不能专心学习。她的孩子非常渴望与周围同学进行深入地交往，但又容易因友谊而钻牛角尖。例如，孩子虽有些腼腆，但偶尔也会努力主动与同学增加沟通，可一旦对方由于某种原因没有给予积极回应时，他就会觉得对方可能不喜欢自己，随后就封闭自己，可内心还是渴望与对方交流。

这个孩子，意识上非常渴望交流，但潜意识中又因恐惧担心而不能启动交流的程序。意识与潜意识的冲突，让孩子一直生活在焦虑情绪中。为了排解焦虑，没什么兴趣爱好的孩子，唯一能做的就是学习。可学习的过程中，他又会被焦虑情绪所控制，自然而然会分心。

这个孩子其实就是典型的早期安全感缺乏导致基本焦虑程度较高。

孩子出生没多久，我这位朋友就因性格不合与孩子爸爸分手。因为工作的缘故，朋友只得将孩子送回自己母亲家，请母亲代为照顾。等孩子上小学时，朋友才将他接回身边。孩子在幼年时期过早地与父母分离，造成安全感缺失，进而产生了焦虑情绪。这种焦虑情绪一直得不到排解时，会有一个集中爆发时期，会对孩子造成很大困扰。自然而然，孩子也无法真正集中精力学习。

这个孩子并不是个案，和他相同的情况，我遇见过很多。这些学生，大多都是由于早期安全感的缺失造成基本焦虑程度较高，最后影响到学习。

如果在早期成长阶段，母亲或照顾者不能够敏锐地感知幼儿的生理需求，如饥饿、排便、口渴等，就会在一定程度上引发孩子的焦虑。这类焦虑是否会影响到孩子的性格发展，主要取决于幼儿与母亲或照顾者之间是否可以形成安全型依恋关系。

影响安全型依恋关系主要有两个因素：照看质量和照看者。

照看质量指的是照看者的敏感性、易接近和合作态度或行为特点。如果照看者能够敏锐发现幼儿的生理需求，对幼儿的情绪表达、心理需求给予正确的处理，都会促进孩子形成安全型依恋，对孩子未来的情绪稳定、人格发展带来积极帮助。

是否能够形成安全型依恋不单单是靠早期成长的两年。早期固然很重要，但后期经历仍可以弥补早期出现的安全感缺失。因此，儿童成长的每一个阶段都是非常重要的。

除了照看质量，照看者也对安全型依恋的形成有着很大的影响。在我国，孩子的照看者还是多以母亲为主。因此，如果照看者特别是母亲个性急躁、强势，容易给幼儿带来一定焦虑情绪。另外，如果母亲不会表达情绪情感，幼儿也很容易出现情感表达的障碍。这些同样会影响孩子积极情绪的发展，造成一定程度的焦虑。因为一个不能正面表达自身情绪的人，很容易受到他人的误解。换句话说，如果不能正确积极地表达自身的情绪感受，是很难得到他人理解的。一个不能被他人理解的人，就会在一定程度上存在焦虑。

情绪管理包括情绪的表达、情绪的理解以及情绪的控制。如果一个人在成长中不能够真正做到对情绪的表达，同样也很难理解他人的情绪，难以与他人形成有效情感沟通。这往往会给人带来一定的交流障碍，由此而引发一定的焦虑。

进入青春期的孩子，心思本就敏感，若是无法排解焦虑，很容易陷入情绪的旋涡，产生消极情绪，影响学习心态。由此可见，情绪管理在孩子的成长过程中是非常重要的一课。

家长的不良情绪同样会诱发焦虑

家庭环境、家长教养方式等因素，也会对孩子的情绪造成影响。这些因素若是能给孩子带来积极情绪，孩子就比较容易进入学习的良性循环；若带来的是焦虑情绪，就会让孩子产生学习障碍和厌学情绪。

小田，一个聪明且敏感的高二男生，来参加辅导班时，总成绩排名已经进入了年级前 80 名。小田妈妈一直觉得这个排名不是小田的最好成绩。再加上，小田妈妈还认为尽管儿子有许多不错的学习方法，但做题马虎、考试时容易焦虑，在家学习效率也不高。所以，小田妈妈让他来参加五维高效学习辅导班以提升成绩。

小田妈妈从事科研工作，脾气比较急，从小对小田管教严格，但小田妈妈对小田的学习管得反而不算多。她从不会逼迫小田参加课外补习班，而是让他自由发展，自己想学什么就学什么。每次考完试后，小田妈妈还会和小田一起分析试卷，给他总结其失分的原因。

分别和小田妈妈与小田交流后，我又观察了小田做题时的状态。很快，我就发现小田出现学习障碍的根源所在。

小田妈妈个性非常急躁，教育孩子时，永远都在说小田的缺点和不足。小田每天都会留意看妈妈的脸色。妈妈如果心情好，小田就可以放松些；如果妈妈脸色不佳，小田就会小心翼翼地做一些讨妈妈欢心的事情。因此，小田从小就学会察言观色，心思敏感细腻。长大后，小田与同学交往时，为了讨大家的喜欢，会将大部分精力用在讨好同学上。因为性格敏感，哪怕白天在学校里发生一点小事，都有可能影响小田晚上在家的学习状态，降低学习效率。

因为从不被逼着上各种补习班，可以按自己的兴趣学习，所以小田非常喜欢学习，学习热情很高。按理来说，小田应该能够获得比现在更理想的成绩才对。现在之所以成绩不算很理想，跟小田妈妈有着很大的关系。

在小田成长过程中，小田妈妈无时无刻不在催促他，致使小田一直处于紧张状态，缺乏安全感。因为缺乏安全感，小田的基本焦虑程度非常高，不管是在生活中还是在学习上都被焦虑情绪影响着。

小田还是一个特别爱干净的孩子，不管是平日里的笔记，还是考试时的试卷，都会写得特别干净、工整。高一一次月考考数学时，小田解答第一道大题答到一大半的时候，才发现解题思路错了，但答题纸上基本上没了空白的地方。小田立刻慌了，赶紧向监考老师再要一张答题纸，可监考老师却说没有了。这时小田更加担心、恐惧，看到卷子就觉得难受。继续做题时，小田脑子里一片空白，连应该会的题目也做不出来。那次考试，小田只得了50多分。而以前小田的数学成绩从来都没有低于120分。这件事情对小田打击特别大。以后但凡有考试，小田就会很担心，生怕自己重蹈覆辙。越是这样，小田考试时越难将注意力完全集中到答题上。考场上有任何响动都会让他紧张。一道题不会做就能让他忧心忡忡。久而久之，小田的考试焦虑症越来越严重，考试时出现的失误也越来越低级。

小田的情况，就是典型的情绪状态造成的学习障碍。小田妈妈从小就给小田辅导功课，也不勉强他上课外辅导班，算是给小田营造了不错的家庭学习氛围。可是她急躁挑剔的性格让小田变得敏感。正是这种敏感，让小田一直处于焦虑状态，诱发了学习障碍。

心理落差造成情绪波动

人的大脑，倾向于把接收到的杂乱无章的信息进行整理分类，创建一种秩序，在各个信息片断之间建立联系。

人在有秩序的环境中感到更舒适自在，在来龙去脉一目了然的对称性环境中感觉更好，而且更容易对情景的结果进行预测。

国外学者认为，人的预测能力是人类与其他动物之间最大的区别。正因为人类具有预测能力，现实生活中才会出现因与人的预测不能保持一致而导致的心理冲突问题。

情绪唤醒模型，如图1所示，是直观展示情绪唤醒过程的工作系统。

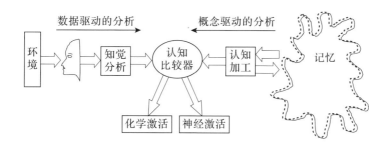

图1　情绪唤醒模型

情绪唤醒模型包括以下几个动力系统：

（1）对外界输入的知觉信息的"知觉分析"。

（2）知觉分析与已建立的内部模式（包括对现在和将来的需要、意向或期望的认知）进行比较与初步加工，即"认知比较器"；认知比较器附带着庞大的神经系统和生化系统的激活机构，它们与效应器官联系着。

（3）对认知比较进行系统加工。当前的知觉分析引起过去储存的信息的再编码，导致新的判断或预期。

如果知觉分析与预期判断相一致，事情将平稳地进行而没有情绪发生；若出现足够的不一致，如出乎预料、事与愿违或无力应付时，认知比较器就会迅速发出信号，动员神经系统，释放化学物质，改变大脑活跃状态，这时情绪就发生了。

每个人在面对每天的各种问题时都会有一定的心理预期。当自身预期与现实发生的情况不一致时，就会出现一定程度的心理冲突。这份心理冲突会导致一定程度的焦虑。我们经常会因为当前面临的情境与自身预期不一致而产生焦虑情绪。例如，孩子考试的成绩出乎意料地差，家长就会出现焦虑情绪而不断地对孩子进行批评和责备。

一年冬天，一个朋友打电话过来咨询。她向我反映自己女儿最近经常出现情绪波动。她女儿和同学约好周末一起去浴池洗澡，但因天气恶劣不宜出门就取消了。朋友觉得没多大的事，女儿却大哭大闹了一场。朋友完全不能理解孩子为什么会有这样的表现。

其实，朋友的女儿之所以会哭闹，就是源于客观发生的现实与心理预期不一致。很多时候，孩子由于自身的知识和经验的缺乏，导致预期结果比较单一。一旦客观发生的情况与预期不一致，孩子们就会情绪波动。这种情绪波动如果得不到父母的理解，很有可能还会受到父母的批评和指责。批评和指责很可能又会加重孩子的消极情绪。这种情况如果持续出现，那么孩子在成长中始终被消极情绪包围。这会让孩子的个性发展受到负面影响。

心理落差过大导致孩子情绪失控，最典型的案例就是入学适应问题。

入学适应问题，本质上是由于原有的成长环境、规则与新环境不同而造成的心理冲突问题。这份冲突导致产生一系列的不适应性行为。每个孩子从幼儿园到小学，或从小学到初中、高中，再到大学，乃至是大学毕业参加工作，每个阶段都面临着适应问题。在原有的生活环境、学习环境下形成了认知和思维习惯，一旦面对新的环境就要重新适应，很有可能会出现一定的适应困难。

孩子刚刚进入幼儿园时，对未来学习生活的地方并不了解。因此，很多孩子在入园前期肯定会出现一定程度的焦虑、不适应甚至会生病。这种情况的出现，是因为孩子对上幼儿园这件事没有心理上的准备，对陌生环境没有安全感。无论幼儿、儿童或是成人，一旦认知系统对未来的预期与现实差距很大时就会引发一定程度的焦虑。这份焦虑会诱发个体的身体抵抗力下降。

中国式家庭教育中,很多家长并没有给孩子制定比较明晰的规则。而进入幼儿园、学校之后,规则会立刻变得十分明确。两种环境的差异,也容易引发孩子一定程度的焦虑。

入园前,家长若是带领孩子到幼儿园熟悉环境,给孩子讲解幼儿园的情况,可以帮助孩子对环境产生一定安全感,从而缓解孩子的入园焦虑。

入园后,态度温和又有耐心的幼儿教师,能帮助孩子保持积极情绪,让孩子不会因幼儿园与自己家、老师与父母间存在巨大的差异而产生焦虑。

不只是儿童,就连大学生也会有入学适应问题。

对未来就读学校有所期许时,人会在大脑中反复地去设想该学校的情境。这种设想多半伴随着很多积极的评价。等真正进入大学后,出现真实信息与原有信息不同的情况时,新旧信息就会在人的内心中产生冲突,进而导致消极情绪的出现。

因此,家长在家庭教育中应该有意识地引导孩子学会客观地预期未来以减少焦虑情绪的出现。

小马过河的故事,相信很多家长都听过。小马想过河,但又不知道河水的深浅。它问了在河边遇到的老牛和松鼠。老牛说河水很浅,松鼠却说河水很深。小马听了后,就更加犹豫，只能回去问老马。老马对小马说："只要试一试就可以知道啦。"

老马并没有直接给小马一个固定的预期结果，而是给小马指引了判断的方向。当小马自己去尝试时，它发现河水既不像老牛说得那么浅，也没有松鼠说得那么深。

故事里的老马用一种聪明的方式引导孩子正确认识了未知事物。然而，很多家长在教育孩子时，由于主观愿望使然，反而无意中会对孩子进行错误引导。家长有时为了让孩子努力去做某件事，会把事件描述得很简单，这样一来，孩子在解决问题过程中一旦遇到障碍，反而会因心理落差而出现情绪波动，最后不得不放弃。有时家长又会像小马过河里的松鼠一样，因为自己曾经在同一个问题上失败过，就会告诉孩子问题很难，导致孩子在没有做之前就因恐惧而丧失尝试的勇气，最后主动放弃。

因此，遇到问题时，家长应该客观地引导孩子自己去尝试解决。这样一来，孩子会逐渐形成对事物进行客观预期的习惯，不会盲目地听从旁人的意见和建议，最终像小马一样逐渐形成适合自己的客观预期能力。拥有了客观预期能力，孩子可以减少因心理落差而造成的负面情绪波动，保持积极正面的情绪，有助于课业学习。

2. 提高学习效率的积极情绪

积极情绪，如愉快、兴趣等，能改善人的智能操作质量。怀有积极情绪时，人完成同样任务的效果会更好。积极情绪还有助于人更顺利地处理麻烦事件和减少对抗事件的发生。

如果通过有效的情绪调节使孩子在上课前、自习前、考试前都保持积极情绪，那么会大大提高他们的学习效率，也能在考试前激发超常发挥的状态。

当然，高度兴奋的大脑也不完全有利于认知加工。保持中等的积极情绪，是大脑理性思维的关键。换言之，大脑保持适度兴奋才有利于提高学习效率。

情绪能影响人的认知，认知同样会影响人的情绪。例如，在野外看见熊，人会觉得自己的安全受到了威胁，就会感觉到害怕；若是在动物园里见到熊，不仅不会感觉到害怕，反而觉得好玩，因为没有安全问题。

人对事物的不同认知也会造成对同一事物的不同看法。

疑邻盗斧的故事就证明了，同一件事情，对它的评价不同，引起的情绪反应也不同，甚至可能截然相反。

人们一旦形成固有观念后，就会从固定角度去评价事情。有些非常在意孩子与他人交往能力的家长，当家里来客人时，孩子若是没有及时招呼客人，便会对孩子产生不满；而那些要求孩子全身心投入学习的家长，若是孩子第一时间停止学习去招呼客人，家长很有可能会批评孩子。

在孩子成长过程中，家长习惯性地给孩子灌输带有自我烙印的认知观念。例如，身为单位领导的妈妈，非常在意自己的面子，就会不断要求孩子去在意旁人的评价。于是，这个孩子会慢慢对他人评价变得敏感。一旦觉得自己的学习没被周围人认可，孩子就会出现焦虑情绪，甚至极其担心成绩不理想而被老师和同学给予消极评价。久而久之，孩子就真的出现了学习障碍。

因此，家长要学会给孩子传递积极情绪，帮助孩子学会将问题简单化。

一个参加过五维高效学习家长培训班的妈妈，前段时间在群里分享了她和女儿的一次交流。在那次交流中，这位妈妈用积极情绪给予了女儿帮助。

期末考试前，女儿的数学老师告诉学生们这次期末考试会非常难。女儿本来在几次模拟考试中数学就没考好，听了老师的话，情绪就更低落了。

女儿放学回家后，就跟妈妈说："既然数学老师都说很难，本来我也有好多题不会做，干脆别复习了，直接放弃数学考试吧。"这位妈妈一听，知道女儿是因为之前的打击而丧失信心，导致情绪出了问题。女儿数学考砸之后，她就留心观察过女儿在做数学习题时的情况，已经发现症结所在。于是，这位妈妈先调整了女儿的自我认知，等女儿放松下来后，再用女儿有过的成功经验激发她的积极情绪。

等女儿的积极情绪被调动起来后，这位妈妈开始引导女儿找出原有解题习惯中的问题，针对问题寻找解决办法。经过几天的努力，女儿终于恢复了大部分的自信。临考的前一夜，这位妈妈还特意跟女儿强调了几点："第一，遇到不会做的题很正常，跳过，做后面的；第二，要勤动笔；第三，信息量大的题目要简化；第四，感觉到紧张了，深呼吸。"

最后，女儿在数学期末考试中取得了较为理想的成绩，重新找回了自信。

我看完这位妈妈在群里的分享后，觉得她处理得非常棒。

有些家长为了让孩子重视学习，常常会说："考试很难，你还不努力？再不努力这次考试要不及格了。凭你现在这样，要想在这次考试中取得好成绩很困难，你要努力。"然而，越是这么说，结果越适得其反。因为这些话只会增加孩子的焦虑情绪，影响孩子的正常发挥，磨灭孩子的自信。因此，越是在考试前，家长越要像那位妈妈一样，给孩子传递积极情绪。积极情绪才有助于孩子的发挥。

家长正确的认知情绪，能帮助孩子更好地解决学业问题。同样，孩子在学习、生活上出现的一些问题，根源也是家长错误的认知情绪，例如偏科。

我的一个朋友在寒假期间带着孩子来找我做辅导。他们夫妻俩对数学都不擅长，她每次跟我打电话都会说孩子随他俩，数学也不好，想找个机会让我给孩子辅导辅导。

孩子过来后，我第一天做辅导时，就发现他并没有朋友所说的问题。孩子的数学思维还是不错的，但是认知情绪存在问题。这个孩子，每次读完应用题题目就不假思索地说不会，完全没有想要尝试的欲望。

我针对孩子的情况，通过讲解题目，引导孩子去思考。在我的引导下，孩子顺利做完了所有练习题，对自己在数学解题方面的自信心增强，改变了对数学应用题的认知。

第二天的辅导课，这个孩子已经完全改变了数学学习的状态，开始主动尝试解题。到了第三天，孩子花 40 分钟就可以完成 15 道中等难度应用题。第四天时，为了完全突破孩子对学习数学的自我认知，我让他尝试做奥数题。

一开始，孩子立刻被题目难住，情绪瞬间变得很糟糕。我先引导他经过努力做出奥数题，然后和他一起反思问题到底出在哪里。

我俩交流一番后，孩子向我承认，他一看到是奥数题，心里就觉得自己没有能力解决，于是马上就想放弃。

事实上，那道题目虽是奥数题，但所需的知识点是孩子已经掌握了的。他之所以找不到解题方向，还是因为他的认知情绪在控制自己的思维。

因此，孩子出现偏科时，有很大原因是他对某学科的认知情绪束缚了自己的能力。这时，家长不应该立即给孩子贴标签，认为孩子缺乏学习某学科的能力，以免加重孩子对自身的负面认知情绪。家长应该积极引导孩子去尝试，从尝试中体验成功，才可以打破认知情绪制约。

除了偏科，家长的错误认知情绪还有可能造成孩子人际敏感。

我在前面提到过一个例子，孩子的妈妈是单位的领导干部，非常在意他人评价，以至于孩子也因在意他人评价而出现极度焦虑。

这样的孩子，我们在辅导时也遇见过很多。他们非常在意老师的看法，对老师给予的评价非常敏感，甚至老师不经意间的说法都会令他们焦虑不安。

有个女孩总觉得老师是因为不喜欢她才在课堂上摔东西，老师所有的情绪都是冲着她来的。所以，她不想去上学。而且也不知道什么原因，班上同学扔东西时，总会打到那个女孩身上。女孩个性非常敏感，觉得总发生这种事情，要么是同学们不喜欢她，要么就是她比较倒霉。

在交流中，我得知她妈妈的性格也比较敏感，生活中对他人的消极评价非常介意。这就不难解释为什么女孩总会带着比较消极的情绪去评价周围的人和事。

家长的内心想法往往会给孩子带来心理暗示，积极的心理暗示则可以帮助孩子获得积极情绪。

经常有家长前来咨询，面对孩子的问题该怎么做。但当我给这些家长讲解孩子问题的根源时，很多家长都没有耐心听，他们更愿意直接知道最快速、最有效、最具体、最灵验的做法，殊不知"和怎么做相比，怎么想才是最重要的"。

无论解决什么问题，思路都比方法更重要。

现在很多家长喜欢对孩子运用所谓的赏识教育，但家长打心里对孩子的学习没有信心，只是在一些书上学会了一些做法，就硬着头皮很虚伪地赞赏孩子。结果，孩子毫不领情。

在辅导班里，我们经常建议家长在孩子升学考试时保持一种平和的心态。很多家长没有认真考虑这个建议的内核，只是在孩子面前假装平和。他们真实的心态，同样很容易被孩子发现。为此，家长都很困惑，不知该如何去做才对。

其实，每个人内心的想法和情绪都会被他人感知。如果喜欢某个人，即使我们不用语言来表达，也会在表情、身体姿态等方面体现出来，久而久之，这些信号就会被他人察觉；相反，如果不喜欢某个人，我们内心的想法也会在无意识的行为中体现出来。

因此，我希望家长都能明白一点，对孩子真心的赏识远胜于语言。

我常说："世界上没有傻瓜。"每个人都能察觉对方的想法，只是有的人反应比较快，有的人反应比较慢，或者有的人察觉到了却不愿表现出来。

我曾接待过一名高中生。这个学生有很好的个人修养，做事很谨慎，生活中也没有不良嗜好。唯一的不足，就是学习成绩很不理想。他父亲是数学老师，可他的数学成绩偏偏只有个位数。

交流过后，我发现这个学生在整个学习过程中一直受情绪的制约，造成整体知识结构不合理，最终让整个学习进入恶性循环。

在辅导过程中孩子问我一个问题：他的智力是不是有问题？然而，这个孩子听了我9次辅导课后，成绩从年级第800名升到了年级第400名。

孩子成绩进步之后，他父亲非常高兴，但也问了同样的一个问题：他儿子的智力是不是有问题？我刚听完便严肃地批评了他的说法，而他辩解说，自己仅仅是想一想，从来没对其他人表达过这个想法。可他并不知道，自己的儿子也问过我同样的问题。可想而知，这个孩子早早就察觉了父亲对自己的评价。

其实，这名高中生产生学习障碍的原因很简单。孩子知道父亲对他评价不高，所以当父亲给他讲解数学问题时，他的大脑就会产生焦虑情绪，从而造成思维的抑制。

生活中，每个人都能察觉到他人的感受，感知周围的人是否喜欢自己、是否对自己有敌意。只是，对自己感知到的信息，有的人能够直观反馈，而有的人却放在心里。所以，家长心里怎么去想比怎么去做更重要。因为我们的孩子能够清晰地感受到家长对自己的质疑和不屑、关爱和赞美。

小丽物理、英语成绩都很好，但数学成绩不佳。寒假开始后，小丽妈妈就在家帮小丽补课。补课过程中，她发现小丽有时候特别聪明，比她还先做完题；有时却连以前做对的题都会搞错，就算她反复讲解也没什么效果。

小丽妈妈对这个现象百思不得其解，跟小丽多次交流也没结果，于是向我求助。

听完小丽妈妈的介绍，我让她带着小丽过来跟我聊了聊。下面就是我们的聊天记录。

我：小丽，你觉得什么时候做题特别轻松，特别有想法呢？

小丽：有一天晚上，大概9点半左右吧，我觉得好困，特别想睡觉，可妈妈非让我做数学卷子。我说不想做，妈妈就不高兴，脸拉得好长，我只得硬着头皮做卷子。可是脑子里空空的，完全做不出，只想睡觉。我写了两道题，就想趴着休息一会，没想到就直接睡着了。

我：那后来妈妈叫醒你了吗？

小丽：当然，我睡得很香的时候被叫了起来。妈妈还很生气地让我必须把题做完。可能是小睡后比较精神，也可能是害怕妈妈，后来我就做得很快，也很有思路，对答案时发现自己还对了很多。

小丽妈：昨天晚上，有一道题和之前小丽独立做正确的一道题很像，我以为她会做。可是呢，她看了好几遍也没做出来，还一直和我说没有思路。我想启发她一下，就把题改编成和之前完全一样的，但她还是不会。所以，我就怀疑她之前是蒙对的。

我：小丽，昨天晚上的题，你是不会做吗？

小丽：不一定。昨晚又是睡觉前发生的事。10点时本来我都准备睡觉了，可妈妈拿着卷子非让我做题。我妈说我之前做过类似的题目，一定能做出来，然后就坐在我身边看着我。说实话，我那时大脑已经不听使唤，什么也不想做。但是妈妈就在一边不断地说"你仔细看看，一定能做出来"。我越听这话，就越心烦。我也特别急，特别想做出来，但就是一点思路都没有，无从下笔。

为了进一步分析小丽的问题，并且让她妈妈看看"到底是什么制约了小丽的解题能力"，我开始指导小丽做题。开始前，我嘱咐她："不用担心，放松一点，对错不重要，我就是看看解题过程，然后再帮你具体指导。"我还让小丽妈妈先到别处等，自己静静地坐在小丽身边，一边继续工作，一边等她解题。大约15分钟后，小丽就写出了正确答案。

我问小丽这一次做题和昨晚那次有什么不同感觉。

小丽说："没有那么累，也不困，还不会着急。而且我妈不在旁边，我也不担心她嫌我慢。然后我就有了思路，顺利解出来。"

为什么小丽这一次可以顺利地独自答题呢？

根据小丽现场的表现及她讲述的学习中的感受，我们不难发现：孩子在没有束缚、压力、不担心结果、不被催促、不被评价时,容易全身心投入到解决问题的过程中。

显而易见,小丽在面对数学解题障碍时,主要影响因素并非是知识点,而是情绪制约。尤其在妈妈陪伴学习时,对于妈妈更快的反应速度,小丽总会在做题的过程中下意识地注意妈妈,捕捉妈妈的眼神。鉴于不愿听到妈妈那些"做得慢""方法太麻烦"的嫌弃,小丽就希望能先于妈妈做完。可越着急越慢,失败次数增多导致挫败感增加,最终让小丽对数学产生了厌倦感。

小丽妈妈本意是想帮助小丽学习,为什么却事与愿违,给孩子带来了压迫感呢?

这不仅是小丽妈妈的困惑,也是很多家长的疑问。还有家长在咨询时说,越是关心孩子哪一科,孩子哪一科就越差。这个问题的关键就在于,家长辅导孩子学习时,对孩子的心力,是帮助还是消耗?

许多家长会在辅导孩子学习时,将自己深陷其中,不仅没有给孩子带来心力支撑,还制造了更多情绪干扰。家长比孩子更容易理解问题,解答速度更快,这也会引发家长的焦虑感。

家长指导孩子时,大多怀有期待,期待孩子效率快,准确率高,稳定进步,持续提高……这些完美期待不断地给孩子戴上"金箍",引发他们的消极情绪,如焦虑、厌倦等,反而会使孩子思维滞缓。这种时候,就算大脑中有必备的知识,也无法提取出来解决问题。有些家长还很喜欢验证教育成果,不停重复练习,更是加重了这种恶性循环。

小丽妈妈就是一个不够理解孩子的家长。她经常会在孩子疲劳时给孩子安排任务,导致思维没有任何障碍的小丽,总是不能发挥出高效的状态。

这是许多家长的盲区:主观臆断孩子不够努力,在孩子疲劳时经常是不相信的态度。不但不缓解孩子的疲劳,反而给孩子施压。

家长帮助孩子的关键是:在孩子疲劳时,能够给予孩子心理空间,让孩子得到休息和放松;在孩子低效、闹情绪时,应该更多地接纳和信任孩子,给予支持,促使孩子获得一份力量;特别是在孩子百思不得其解时,要带着相信的力量,不断地支持并推动孩子去探索,在孩子出现犹豫和放弃的念头时,给予坚定的支持。

家长的积极心态是对孩子最好的帮助。

在养育自己孩子的过程中,和与一些家长的交流中,我越来越能感觉到家长积极情绪的重要性。因为工作的原因,我很少到学校门口接孩子,偶尔接上一次也很匆忙。最近一次接孩子放学时,我发现太多的家长带着成年人的焦虑在指导孩子学习。

听一个妈妈介绍,她家孩子下午放学后,还要到外面补课,从下午6点半补到晚上10点。很多家长非常推崇这个孩子学习的量和考试成绩,而且大部分家长还说了一堆自己的焦虑:"现在已经八年级第二学期了,这个学期就定型了。""这时候不补课,不把时间安排好,能考上重点吗?"他们在交流中讨论最多的是"什么地方有更好的辅导班能够让孩子学到更多的内容"。

虽然我一直在旁听,但心中不住地叹气。就算是成年人,一天十几个小时高频率地听课、写作业都吃不消,孩子的学习效率可想而知。

如此焦虑的家长,怎么可能会有积极心态展示在孩子面前。

下面,我给大家分享一位学习五维调控课程的妈妈的日记。从字里行间,大家可以发现家长的积极情绪对孩子的帮助是多么巨大。

这位妈妈之前一直想改变孩子对待错题的态度,方法用尽、收获全无。她为此感到非常苦恼。后来,她参加五维调控课程后,利用积极情绪引导孩子,竟然轻轻松松就让孩子有了明显的变化。

昨天与上一年级的小儿子沟通令我激动不已。

孩子自从上学有了作业,我就发现他拒绝接受自己的错题。他不让我给错题画标记，并且每次我检查作业时，他总是很紧张的样子，一听或感觉有错误就条件反射似的夺过本子，即时查看，立刻把那些错了的地方原地改掉，然后取笑我说："是妈妈判错了。"

这样的行为一直持续着，我也一直苦口婆心地劝着，可是他从来记不住，搞得我很疑惑，到处讨教，想知道孩子到底出了什么问题，一年来并无结果。只是有同感的老师善意地告诉我，他不接受那个错号，你可以圈出错题。可还是没有效果。

最近我接触到"五维"，听老师讲课、读书。对于这个问题，我反过来把目标放在自己的身上，发现自己在检查孩子作业，看到孩子出现了自己觉着不该出现的错误时，便会愤愤不平地打下个"×"，并且留意了一下，竟然听到画"×"时发出了噌噌的声音。我顿时觉悟了，那个声音，还有我自己看不到的自己当时的表情，拿着的那支判作业的笔已经成了小刀，硬生生地在窥视我的柔弱的孩子心里刻划。他从桌子旁站起来抢作业本，是在捂住自己的伤痛。

接下来我们在闲聊时，我试着改变语气，问道："你不喜欢妈妈在错题上做明显的标记吗？"他点点头。

我说："那我只给你轻轻留个小点行吗？"

他很高兴地说："可以。"

他写完作业后，我让自己平静地判题，平静地在他的错误旁做了小标记。他第一次没有在我判作业时很在意，自由地做着其他作业。等他写好了所有的作业，再来看判过的作业时，破天荒地按照我以前要求过的样子改正了。

困扰了一个学期的问题就这样解决啦！我有点不相信自己的眼睛，又重看了一遍，是的，他确实按照要求改正了错误，并且记得细节。我很激动，立刻把这样的评语写在了他的作业本上。孩子终于学会了改正错误的方法，长大了，有了一个进步。当然，我也在自己的心里写下：孩子是没有问题的，问题来源于自己，自己一手造成的问题，可以轻而易举地解决掉。我真的好开心。

家长的错误认知情绪会影响孩子，孩子的错误认知情绪对自己的影响就更大了。

每年准备参加中高考的考生中，都会有孩子出现睡眠障碍。这些孩子刚开始可能只是因为偶然现象而不能按平时习惯的时间入睡。这本没有多大问题。可有过这样的经历后，他们对睡眠的认知观念常常会出现"今晚睡不好，明天效率一定很低""睡觉睡得少，记忆效果一定不好"等认知。这又会加重他们的焦虑情绪，产生更加严重的睡眠障碍。到了第二天，他们在学习中的体会又是无法高效学习。这样一来，孩子就陷入了睡眠障碍的恶性循环中。

在指导这类孩子解决失眠问题时，我通常会跟他们解释正确的睡眠观：偶尔的少睡，或者只要满足一定程度的生理睡眠，就不会影响第二天的工作、学习。他们听了后，在一定程度上减轻了少睡（不能按时睡眠）带来的焦虑，失眠问题也得到有效缓解，同时也没觉得出现精力不足的情况。

进入青春期后，孩子的自我意识逐渐完善，开始对自己的情绪、行为、思维等问题敏感起来。如果没有一个积极正确的自我认知，则容易出现心理障碍而导致学习障碍。

有些学生在学习过程中意识到，自己在分心时很容易出现焦虑情绪，焦虑情绪又会加重他们分心的情况。其实，每个人在学习过程中都有一定程度的分心，只要能很快回到当前的学习状态中，就可以避免分心的加重。但是，很多学生没有这样的正确观念，反而会产生消极的认知情绪，如"我可能有问题了""我出现了心理障碍"，导致出现恶性循环，加重分心程度。

人们对事物的不同认知观念，会带来不同的情绪反应。如果能在早期教育中为孩子树立积极的人生观，让他面对任何问题时都能以积极乐观的方式去认知，孩子就可以经常获得积极的情绪体验，为形成积极人格奠定基础。如此一来，孩子在求学过程中，因情绪诱发的学习障碍就会减少很多。

除了认知情绪之外，人还有一种潜意识的条件性情绪。这是一种在条件反射形成和发生过程中，本人未曾意识到的或本人的意识不容易控制的情绪反射。其中的"条件性"

是指通过后天条件作用建立起来的反射。与本人的主观意识、理智、愿望或思维相矛盾的情绪行为，都是一种潜意识的条件性情绪反射。这部分情绪不是意识能够调节和监控的，而是大脑自动产生的情绪反应。

前文提到的很多较难克服的学习障碍，如偏科、厌学、强迫性学习、分心等，都是因为认知情绪与条件性情绪的交互作用而产生的。

小杜参加一次数学考试时，由于太在意考试结果，考试时处于高度焦虑状态。试卷最后一道12分的大题，是小杜平时没有练习过的新题型，还有一定的难度。当时考试时间只剩30分钟，小杜非常担心自己在交卷前解不出题目。此时的小杜陷入一个恶性循环，做不出就焦虑，越焦虑越没有头绪，越没有头绪越焦虑，越焦虑越做不出。交卷时间很快到了，小杜只好无奈放弃。

这次考试失败后，小杜不自觉地开始恐惧数学考试。一想到考试的情境他就紧张，最后发展到就连平时的小测验都感到很恐慌。过于紧张的状态使得小杜在平时的小测验中都无法取得好成绩。久而久之，小杜对自身的数学学习能力给予了消极评价，认为自己完全不善于学习数学。

小杜的认知情绪推动了条件性情绪，这两个情绪的交互作用让他产生了天生学不好数学的认知观念，以致出现放弃学习数学的念头。

3. 终身热爱学习的方法

学习过程中体会学习的快乐

学习是学生的主题。从学习上获得成功是学生大部分积极情绪的主要来源，这也是社会的评价系统所决定的。当通过努力学习获得好的成绩时，学生就会对自身充满信心。一个真正自信的人是不容易出现心理障碍的。

因此，我们要培养孩子从学习本身获得快乐，这样才有助于他们学习系统的良性发展。

大学期间我曾在校外做家教。那段经历，可以算是我对五维高效学习系统的初步探索。刚上大学时，我一直困惑于我的努力为何没能换回令我满意的成绩。开始进入心理学探索之后，我运用专家和新手的对比试验研究，让自己有所顿悟，解开了很多之前在学习中的困惑。尤其是当时辅导的一名尖子生，让我清楚看到了尖子生和普通学生之间的差异。我从那个女孩身上发现了尖子生能够拥有持久学习热情的原因。

那个女孩叫晓光，出身于一个工人家庭，爸爸妈妈都是普通工人，爷爷是一名小学体育老师，奶奶是一名裁缝。爷爷奶奶都是1949年前出生的，父母都是50后。就家庭而言，我暂时没找到任何能够证明孩子天生优秀的因素。给她辅导三年后，我发现她的优秀的确是有原因的。

晓光有一个和谐稳定的五口之家，爷爷奶奶平和友善。她在爷爷营造的温和的情绪氛围中不知不觉开始识字、读书。奶奶也喜欢跟她交流。在和奶奶交流沟通的过程中，她不仅学习了奶奶严谨的做事态度，还学习了奶奶探索问题、思考问题的思维方式。

奶奶作为裁缝，肯定需要具备探索精神。因为每一个裁缝都要跟上时代的步伐，要能够接受新鲜事物，探索新的设计方案，还要不断地完善和实施新的设计思路。

我给晓光辅导时，充分看到了她勇于探索新知识的特质。即便已经解题完毕，她仍会反复研究为什么要选用这样的思路作答，而不只是单纯地追求一个答案。她总是不断去尝试新的想法和新的思路，并且非常享受这个过程中的快乐。

晓光研究生毕业后进入腾讯公司工作。工作后的她，依旧保持着喜欢创新和探索的思维方式。2016年我到深圳出差，约她见面叙叙旧。那时我才知道她放弃了腾讯公司年薪50万元的职位，开始自己创业。创业一年半后，她的公司已经获得了第一轮700万元的融资。当我们讨论创业思路时,她的一句话让我觉得这就是她当年学习的动力。晓光说,自己就是喜欢研究新花样,喜欢将自己的想法付诸实践。这个女孩是我见到的最具有终身学习力的学生。

举晓光的例子,并不是因为她有多成功,而是我能看到她一直在不断地成长和进步。

想让孩子从学习中体会到快乐,需要从以下几点入手。

首先,要为孩子建立大脑刺激的兴奋点。

课业辅导的过程中,家长应该不断指导孩子阅读相应的课本内容。孩子可以在反复阅读中挖掘出知识点之间的联系,捕捉当前学习的新知识与之前学习的旧知识之间的差异和联系,然后不断地把新知识和旧知识建构成一个知识网络。这样,不知不觉中,孩子就学会慢慢咀嚼知识,品味出教材之美。这个过程中,家长应该让孩子放慢学习节奏,真正从"吸收知识"的过程中感受"知识建构"的过程。

孩子就像建筑工程师一样,一点一滴地建造自己的知识大厦。不管大厦建得是高是低,孩子在建造过程都会很投入、很快乐、很享受,因为他们品味到了建造过程的美妙。很多孩子还会惊奇地发现:过去由于学习急躁,自己还没有把知识学懂、学透,还没有细嚼慢咽,就囫囵吞枣地过去了。导致遇到问题时,很难快速、清晰、准确地提取有价值的部分。而反复阅读教材文本,能帮助大脑完成知识的吸收,保证知识在大脑中保持清晰、稳定的状态,自然能够顺利解决问题。

通过这个过程,很多孩子感受到的是,学习变得简单和容易,解决问题时,很容易激活新学的知识点。而这种结果也能让大脑产生愉悦的情绪。学习时,大脑保持一定程度的兴奋也有助于孩子保持学习热情。

有一名参加辅导班的孩子叫李强,他曾向我说过自己参加辅导后的感触。李强阅读教材时,认真按照辅导班的要求,把句与句、句与段、段与本课内容、本课内容与章节内容建立联系。一开始,李强觉得这种阅读方法很费脑,但是坚持下来后,发现自己的细致度和推导力都有所提高,对书本知识点的记忆也越来越清晰。他不仅能够记忆每个概念,还能知道每个概念是如何总结出来的。那时,他一下子明白了老师讲课的内容;做对应的练习题时,李强发现很多问题都迎刃而解;做题时的专注力和准确率都提升了很多。

其次,前文提到积极情绪,也能帮助孩子从学习中体会到快乐。

辅导班上有个孩子,每天都会和同学去操场跑五圈作为日常锻炼。有一天,他跑到第二圈时就觉得很累。坚持到第三圈时就打算要找个理由歇一歇。可跑到第四圈时,碍于面子又只得坚持。第四圈的前半圈,他已经累得上气不接下气。他突发奇想,决定使用辅导班上做过的积极情绪训练,把全部注意力放在脚下,其他的都不去管。没想到,他顿时发现疲劳感一下子减弱了大半。于是,他集中注意力感受脚下的步伐,直到跑完剩余的圈数。

积极情绪训练运用在课业上也同样有效。

有个学生抄写英语单词,刚开始他的注意力全在还未抄完的八页上。他每抄一个单词,甚至每写一个字母,心里都想着怎么还剩这么多,还要写好久呀。当觉察到自己总是沉浸在未来时,这个学生立刻做出调整,将全部注意力放在当下。他将注意力放在每一个单词上,每写一个单词,都试着去理解它的含义。但他还是不由自主地去想剩下的任务,还是没法全神贯注。于是,他又换了一个方法,先关注每一个字母,在写完一个完整的单词后,再去理解它的含义。虽然这样会拖慢速度,但他保证了自己的注意力全部在当下,没有一点去想之后的任务。等回过神时,他发现已经写到最后一页了。

这个学生告诉我,他发现在第一个方法里,思考单词含义是一瞬间的动作,但写完一个单词却需要一段时间,在这个时间差的空缺中,他的思维在闲置,就会不自觉想到后面的任务。换了一种方法后,他就让自己一直保持在思考,注意力反而更能集中。

知识运用就是把吸收的营养(学的知识)转化成能量(解决问题)的过程。在这个过程中,做题的速度和做题的量都不是孩子和家长应该追求的目标,研究自身的思维过程才是最重要的。要想提升自身的学习能力，关键就是升级思维系统，这就犹如计算机系统的升级。因此，必须要了解自己到底需要完善哪一部分的思维方式。

当孩子跳出题目本身来看自己思考问题、解决问题的思维方式时，他们就会很惊讶自己过去学习的盲目性。这样，他们在做错题时就不再更多地为错误而焦虑，而是能够借助思考错题的契机来研究自己。他们开始能够客观地看待自己，而并非片面地自责和纠结于自己的失败。

思维系统能否得到优化和良性发展，关键是看孩子能否对自己的问题进行客观的反思和正确的归因。不断优化自己的思维系统，也会让孩子一直保持旺盛的学习热情。

总的来说，家长可以通过学科知识的学习过程帮助孩子从学习本身体验积极状态，并强化孩子的积极情结体验，使学习系统的积极体验成为孩子大脑中的优势系统。

孩子则可以通过不断体验学习过程中的突破而获得专注人生大方向的人生态度，塑造出积极人格，从而实现终身热爱学习、终身成长。

解决问题中感受自我的成长

有一次，朋友和我提及自己去参加家长会时发生的一件事情。她儿子同座的爸爸一边看试卷，一边自信满满地对她说:"你看这道题,我之前就给儿子练过。"朋友听了之后,虽然微笑以对,但心里却并不认可这位父亲的做法。

很多家长习惯提前为孩子做好准备,以便孩子在面对问题时不会束手无策。有时候,孩子甚至不需要付出任何努力就可以获得成功。然而,这种看似"全心全意为了孩子好"的教育方式却害了孩子。它会导致孩子完全不能获得自我成长。

为了避免孩子受挫折而过度保护,是现代家庭教育需要解决的大问题。

有些家长习惯让孩子超前学习,提前安排孩子自学或参加课外辅导班学习超纲内容;在孩子遇到学习困难时,没有耐心等孩子自己摸索解决方法,只会一味加大课外辅导量。这种大包大揽的行为会导致孩子完全丧失学习能力和解决问题的能力。

我常常呼吁家长要把"学习中遇到的困难"这一宝贵财富留给孩子。因为当今的生活中,大部分孩子太缺少自我思考、磨炼意志的机会了。唯一能够提升自己的契机,就是学习中遇到的困难。但是,很多家长为了看到自己想看到的美好结果,常常替孩子应对本该孩子经历的挫折,让孩子面对已经准备好的成果,又给予孩子虚假的赞赏,还美其名曰"为了培养孩子的自信"。

很多家长误解了自信的本质。自信源于"做",只有真正做到才能得到真正的自信。相反，那些自己做不到又凭借父母帮助获得成功的孩子，不但难有真正的自信，反而会变得爱慕虚荣。他们常常会在遇到困难时恐惧、焦虑并怨天尤人。

我辅导过的小白，就是一个被过度保护的孩子。无论是学习还是生活，只要遇到难题，小白妈妈都是有求必应。小白妈妈做得最多的，就是帮助儿子铺平道路，扫清一切障碍。小白一路走来都很顺畅，一度认为自己是个天才，做很多事情都是眼高手低。因为他没有任何直面困难的机会，当然也就没有机会去磨砺自己，无法正确判断自己的能力。然而，孩子各种能力的发展都必须通过在成长过程中解决问题来获得。

将难题解决很重要，但更重要的是经历解决难题的过程。只有经历过解决难题的辛苦，孩子才能真正体会到学习本身的快乐。尤其是经过一番辛苦后的恍然大悟，才是孩子可以从学习过程中获得的发自内心的快乐。

因为一直从事教育事业，所以我在教育孩子时非常注重给予孩子空间，鼓励孩子自己成长。无论是在学习还是生活中，我都有意识地锻炼儿子独立解决问题的能力。尽管他并不是每次都能顺利完美地解决问题，有时结果看起来也不太理想，但他从一次一次的尝试中，脚踏实地地成长起来了。

先生和我工作都忙，所以从儿子读小学三年级开始，我有时就不得不带着他一起出差。我在工作时，会把儿子自己留在酒店。有一次，我参加活动的场地和入住的酒店相隔不远，大约有一千米。活动进行到一半时，我发现儿子出现在了会场里。原来，儿子起床吃过早餐后，按照和我的约定，自己到酒店对面的书店里看书。看了一阵后，儿子觉得有些无聊就想到活动会场找我。尽管他曾答应我，除了到书店之外绝对不离开酒店的范围，但又想到会场离酒店不远，他很想尝试一下自己根据地图走到会场找我。在陌生的地方，独自行走一千米去找人，对于成年人甚至十几岁的孩子都不算什么，但对于一个小学三年级的学生来说的确有挑战性。儿子先是去酒店前台咨询了路线，然后根据服务员帮他画的路线图，一路问到了活动会场。

听完了儿子的讲述，我先肯定了他勇于尝试的精神，然后才表示他违背我们之间约定的行为让我有些难过，最后再次跟他强调了安全的重要性。儿子通过自己的尝试，发现我跟他反复强调的安全问题在现实生活中的确存在，如繁忙的十字路口有不遵守交通规则的司机或行人，并不是我为了约束他而夸大。因此，他也认识到自己这次独自尝试有不妥之处，认真向我道了歉。这次之后，只要儿子答应我的事情，就都会做到。

我分享这件小事，并不是鼓励大家让年幼的孩子独自外出以锻炼孩子,而是希望大家明白:无论如何,家长都没法 24 小时贴身保护孩子。再听话的孩子,都有想要独立的天性。所以,身为家长,我们必须在安全范围内尽可能地多让孩子锻炼,这样才能保证孩子在必须独立解决问题时不至于陷入困境。

儿子读初中后的一年暑假,我到银川出差,也把儿子带上了。我去工作时,儿子会半天在酒店里学习,半天自己外出参观景点。儿子对历史很感兴趣,所以安排了一天去西夏王陵。儿子查询路线时发现,位于银川市郊的西夏王陵距离我们在市区的酒店较远,两者之间没有合适的公交路线,于是和我商量自己打车前往。听了他的计划后,我觉得没什么问题也就同意了。

儿子游览完西夏王陵准备回市区时,遇到了一个大问题——景点附近非常难打车。当时已经是下午 5 点多,景区附近的游客越来越少。这种情况,对于一个十几岁的孩子来说的确比较棘手。儿子却没有慌张,还到景区外的纪念品商店给我挑了一块贺兰石砚台作礼物。选砚台时,儿子便向店主提及找不到车回市区的事,好心的店主打电话帮他联系了一辆拼车。儿子当着店主的面给我打了电话,把情况说清楚。我和店主通了话,记下了店主和司机的电话,便同意儿子和别人拼车回来。

因为要先送同车的其他客人回去,儿子比较晚才回到酒店。看到儿子走进酒店，我终于放下心来。我因为疏忽没有提醒儿子回程车辆可能会有问题，让孩子遇到了麻烦，可也看到孩子有条不紊地独立解决了问题，内心自责不已的同时更为儿子的成长感到自豪。

后来，儿子还去了宁夏博物馆。博物馆在银川市区，儿子跟我说打算利用公交出行，而且往返路线都已经查妥当。我确认往返线路都没问题后就同意了。谁知道，儿子参观完博物馆回程时，还是遇到了新问题。由于酒店附近的马路是单行线，导致到达站点和出发站点位置不一致。儿子下车后发现自己并不在出发时的公交站附近。除了名字外，儿子想不起我们所住酒店的任何相关信息。他一路问人，一连找了好几家同名的连锁酒店还是没找到我们所住的酒店。当时儿子开始有点紧张了，看了看时间估摸我的工作也快结束了，便找了家便利店给我打了电话。我按着他的描述，请同行的朋友开车带着我去找到了他。

这两件事情后，我儿子并没有因此而害怕，而是自己从中总结出经验。他告诉我，以后他自己独自外出时，一定会记好居住地附近的标志物，规划好往返路线。

如果家长一直替代孩子去解决孩子学习生活中遇到的所有问题，孩子缺乏实践探索的机会，很难去独立思考，也很难为自己的行为负责。

为了让儿子通过解决问题提升自己，树立为自己行为负责的观念，我不仅在生活上经常让他独立解决问题，在学习中也会如此。

读小学时，我儿子非常贪玩，每天下午一放学回到家就要去楼下和其他小朋友玩耍。为了尽可能多地留出玩耍的时间，儿子每天写作业时都会很糊弄，尤其是语文作业。儿子在做作业时能用一个词表达的内容，决不会写两个词。所以，写语文作业时，他很喜欢简化作答，包括看图说话这些作文训练。尽管我知道他养成了一个不良的学习习惯，但整体情况还在可控范围，再加上我也理解喜欢玩耍是孩子的天性，于是，我没有第一时间纠正他，而是打算让他通过失败记住这个教训。

无论学习过程怎样，每个孩子都会在乎考试的结果，这也是人的天性。虽然平时写作业都是能少写就少写，但在乎成绩的儿子也知道，语文考试时必须详细作答。在四年级的一次期中考试时，儿子就受到了教训。

做题时，儿子想把自己的想法详细表述出来，但由于平时缺乏锻炼，他一时不知如何下手，在一道题上耗费了很多时间。最后，因为时间不够，考试结束时儿子的作文只写了一半。

出了考场后，儿子沮丧极了，回家向我寻求安慰。我表达了对他难过心情的同情，然后问他打算如何处理。儿子说自己要认真反思一下再告诉我。第二天，儿子跟我说了他一个晚上的反思结论：第一，平时，做作业不能偷懒，一定要脚踏实地；第二，做题时不能因为一道题卡住就忽略更多的题目。

考砸了一次语文期中考试，却让孩子通过发现问题、思考问题获得了成长。比起家长耳提面命的催促，这样的成长才是真正的成长。

四年级下学期开始后，儿子的确改变了做作业的方式。等期末考试成绩出来时，他的语文成绩有了很大的进步，数学成绩反而没有预期的理想。儿子对我分析说，由于自己"一朝被蛇咬，十年怕井绳"，大部分精力都放在语文学习上，疏忽了数学的学习才导致数学成绩下降。说完之后，儿子向我保证自己会平衡各学科学习时间，决不会再出现偏科情况。

一个十岁孩子做出的保证，完成率很多时候都会打折扣。可在反思自身问题的时刻，孩子确确实实进行了思考。只要孩子保持这种遇到问题积极思考的状态，就能够一步一步地成长起来。

与同龄人相比，我儿子并不算佼佼者。即使升入初中后，他仍有大量的学习问题。和其他同龄孩子一样，我儿子也曾痴迷手机游戏致使成绩下滑。我和我先生却没像有些家长那样，非打即骂，控制孩子手机的使用。陪伴孩子一路成长，我们很清楚孩子的每一次成长都源于他自己在遇到问题后积极思考带来的改变。我们相信孩子，相信他懂得要为自己的行为负责，也愿意等待他的自我觉醒。

一个周末，儿子磨蹭了半天只做完了一套卷子。我很清楚他肯定是边做作业边玩游戏了，但也没有责骂他，只是问他是不是遇到了什么难题。儿子支支吾吾半天之后还是向我做了坦白。他告诉我先前他一直在玩游戏，但心里也觉得自己的行为不对，所以他希望我暂时帮他保管手机，免得他总忍不住想要玩游戏。听了儿子的话，我表示很欣慰，也答应帮他暂时保管手机。自此之后，儿子开始做作业时，就会把手机交给我保管。持续一段时间后，即便手机就摆在手边，儿子也能专心致志先把作业做完才玩游戏。

每个人的成长一定来源于自身内部的改变，所有内部的改变必然要借助于冲突。家长应该放弃对孩子的替代和过度保护，让孩子能够学会自己承担责任，面对自己的内在冲突。如此一来，孩子才可能真正地独立成长。

第四章
构建知识结构

学习的过程，本质就是利用大脑里存储的旧知识来解释新知识，然后建立起新旧知识之间联系的过程。大脑中储备的早期知识是影响一个人未来学习的关键。

早期教育阶段，家长能否引导孩子着手构建自己的知识结构，决定了孩子在未来学习过程中是否具有潜意识的学习能力。

有些孩子，因为父母在早期教育时没有注重基础知识的储备，在入学后无法对接老师的教学语言或者学校里规范化的规则体系，刚一入学，就会出现不同程度的学习障碍。

还有一些孩子，由于缺乏丰富的感性认识，在学习过程中对知识的编码方式比较单一，以致面临不同的问题情境时，无法提取大脑中的知识与之相对应而出现学习障碍。

1. 构建知识结构的重要性

很多年前，我曾辅导过一名大学老师的孩子。这个孩子很聪明，英语课文和文言文课文都是读两遍就能背下来。当时我对她的表现很吃惊。后来了解到，这个孩子小时候听英语和读文言文的机会很多，所以她的大脑里存储了大量的原有知识。

回想我自己的学习过程，我似乎颇有物理、数学学科的学习优势，文科方面的学习有些困难。这一点和别的女生倒有些不同。一般情况下，女生学习物理要比学习语文、英语等学科更有可能遇到困难。

我的情况，大概跟我父亲是一名建筑工程师有关。小时候，父亲经常和我们一起研究数学问题，还会指导我们去解决生活中的一些小问题，如门轴修理、下水道疏通等。总之，我从生活点滴中了解到了很多物理现象。这一点让我在物理学科上有了很多知识储备。当开始学习物理时，我便可以非常高效地理解很多物理现象和定义、定理。

正因如此，我在对自己儿子的教育中也贯穿着这样的思路，在早期尽可能丰富地给儿子储藏知识。一方面尽可能多地带着儿子到大自然中感受和探索，另一方面带他大量阅读课外书。为了让儿子能够喜欢历史知识，我精心挑选了一篇有关十字军东征的文章。因为那篇文章中有一幅插图，图中有一支英姿飒爽的军队。我儿子那时才两岁，非常喜欢玩具兵器。我就借助他喜欢的图给他读了第一篇历史故事。

虽然我工作很忙，儿子小的时候能陪他的时间不算多，但是，我一直坚持给儿子做早期各学科的知识储备。所以，儿子上中学后，尽管没有参加英语课外辅导班，但英语成绩还一直保持在班级前几名。

很多人都夸我儿子聪明，问我是怎么辅导儿子学习的。其实，儿子取得现在的成绩，的确不是因为他有多么聪明，而是他大脑里的知识储备很丰富。这些丰富的种子在适当的温度、水分、光照下就会自然发芽，开花结果。

学生在课堂听讲时，如果无法顺利从大脑中找到旧有信息与老师讲授的内容对接，就无法建立起新旧知识的联系。出现听课障碍后，学生容易对学习产生消极情绪。消极情绪又会干扰思维对知识的加工，致使知识结构松散。知识结构松散，又会影响新知识的顺利吸收。久而久之，恶性循环就形成了。

这个过程就像工厂加工产品。大脑里原有知识宛如原材料，种类越丰富、储备量越大，工厂越能加工出品种丰富、品质精良的产品。反之亦然。

早期教育阶段，孩子的知识储备量越大，越能保证知识结构的完整完善，越对日后学习有帮助。

在介绍孩子应该具备的知识结构之前，我们还需要粗略了解五个认知心理学的概念：表征、三类知识、问题中心图式、同化、顿悟。

表征，是信息在大脑中呈现和记载的方式。每个人的大脑对信息的呈现方式不同，这就决定了每个人的大脑对问题的理解是不同的。单独看词组，人们肯定觉得这个概念很陌生，但它其实存在于人与人所有的沟通中。

三类知识，指的是陈述性知识、程序性知识、策略性知识。人类的知识结构就是由这三类知识组成的，缺一不可。

问题中心图式，是以问题为中心的信息组块。任何一个问题的解决都需要明晰与解决此问题相关的所有知识。大脑在处理复杂信息时，会以问题为中心，建构一个知识组块，这在一定程度上既减轻了大脑的负担，又改善了知识的结构。简而言之，问题中心图式是以问题为中心的三类知识的结构性组合。

同化，是一个重要的学习策略，研究的是如何吸收新知识，同时解释学习的整个过程。

顿悟，一直是思维的核心内容，备受心理学研究者的关注。它不仅可以带来完善的知识结构，还给人带来愉悦的情绪。这一点对兴趣的形成至关重要。

本章重点阐述与构建知识结构相关的表征和三类知识的内容，问题中心图式、同化、顿悟将在第五章中详细介绍。

2. 需要提前做的两个准备

知识存储的形态越多越好

加拿大认知心理学家图尔文认为：知识的学习过程要经历三个阶段，增生、调整和重构。知识增生需要以情节记忆为基础，知识调整需要以程序性知识为基础，知识重构则需要以语义记忆为基础。

情节记忆，指的是信息编码中的形象编码。语义记忆，则是信息编码中的抽象编码。无论是知识的增生还是知识的重构，都是要以大脑中的原有知识作为基础。因此，孩子学习新知识，其实就是大脑对信息的表征。

表征，是信息在大脑中呈现和记载的方式。也就是说，信息的表征是信息的记载、表现、建构、呈现的方式。信息表征的方式即编码，包括两类：抽象编码和形象编码。抽象编码包含多项式的形象编码。

光谈定义比较枯燥，我给大家举个例子。

汉字"鸟"是特指鸟类的抽象概念，即抽象编码。名词"燕子""乌鸦"等则是关于某种鸟的具体描述的总和,即形象编码。

当听到"鸟"这个词时,每个人的大脑会根据自身原来知识及过往经验,迅速展现一个关于鸟的形象信息:有可能是"燕子",也有可能是"乌鸦";英语老师找到的相关形象编码可能是"bird",而生物老师则可能会想到鸟的结构及生活习性。

由此不难看出,形象编码可以有多种形式,同时会受到个体所具备的知识经验的影响。

任何一个抽象编码都要与形象编码同时出现,每一个抽象编码又与许多形象编码相对应。缺乏形象编码的抽象编码会变成没有意义的生硬符号。过于关注书本抽象编码的记忆,而忽略丰富的、与之对应的形象编码,容易导致思想僵化。

在孩子的成长过程中,如果只将关注点放在对书本知识的死记硬背上,而不注重引导孩子与生活实际相联系,容易使孩子难以将知识点从抽象编码转化为形象编码,在深度学习时往往会造成理解障碍。

有些孩子特别是女孩子,进入初中后学习物理颇感吃力,往往就是因为早期成长过程中严重缺乏对物理现象的感性认识。而很多物理知识其实就是将生活中的物理现象从感性认识提升到了理性认识。这类孩子，即便将物理公式背得滚瓜烂熟，也很难甚至不能灵活地运用。久而久之，学习障碍自然就会产生。

丰富的感性认识是形象编码的基础，而形象编码又是理解问题的基础。丰富的形象编码又源自丰富的感性认识。因此，家长应该关注培养孩子丰富的感性认识。一个感性认识丰富的孩子，大脑中会储备大量的形象编码。当学到相关的抽象编码时，他便可以很快地将二者联系起来理解，更好更快地记忆新知识。

有些孩子就是因为缺乏生活中的感性认识，在解题时难以真正把握问题核心而无从下手。

我辅导过的一名高一学生，他能熟练默写出物体做圆周运动时的向心力公式，但面对一道求游乐场过山车旋转半径的物理题时却苦思良久。通过审题，不难发现那道题其实就是一个圆周运动的问题。但这个孩子对过山车没有大概的了解，解题时很难在大脑里想象出过山车的运动轨迹，因此无法透过题面看到问题的本质。

金洪源教授曾经提过一个观点：在孩子的成长过程中，要在恰当的阶段给予恰当的知识，否则这些知识很有可能会制约孩子的成长。

因此，家长不能为了一时的高分，要求孩子一味超前记忆知识,而忽略引导孩子对知识的深加工。靠机械记忆记住知识点,只是完成了知识点的抽象编码;如果不通过与实际联系的深入思考来对知识进行深加工,那么知识点的形象编码是有所缺失的。

我一位朋友的孩子,非常善于背诵课文,备受周围人的夸奖。正因如此,这个孩子养成了只看重信息是否记住,而不再深入理解的习惯。升入高年级之后,这个学习习惯的弊端就显现出来了。这个孩子对各科知识的定义、定理都能熟练记忆,但是经常分不清彼此间的区别与联系,更不能灵活运用,于是出现了学习障碍。

了解知识的分类

陈述性知识、程序性知识、策略性知识,这三类知识构成了人类的知识结构。它们既说明了"世界是什么",也解答了"怎么办"。而关于"怎么办"部分,又可以分为"对外怎么办"和"对内怎么办"。

认识和解决一个问题,需要利用狭义的知识(陈述性知识),更要依赖程序性知识和策略性知识。

"三类知识"概念的提出,帮助人们跳出了传统智力观的局限,让人们认识到学科智力并非由先天决定,而是受广义知识(即三类知识)的影响。

正如金洪源教授所提倡的观点：应该用知识解释智力，用知识解释能力。人的智力是可以通过学习提高的，人的能力是可以通过实践培养的。

知识智力观、知识能力观，这两个观念为教育带来了可操作程序，它将有效减轻孩子在学习过程中的负担。

陈述性知识，是指人类能够有意识回忆和陈述的知识，包括符号、事实和有组织的命题知识。例如，北京是中国的首都，我是一名物理教师。这些都陈述了一个事实。再如，速度是物体在单位时间内通过的路程。这个物理定义陈述了物体运动的快慢。再如，牛顿第一运动定律公式陈述了某些变量之间的互变关系。这些以语言符号的形式表征的信息即为陈述性知识。教材中大量的定义、定理，在没有运用其解决问题时都是陈述性知识。

不难看出，陈述性知识其实就是回答"世界是什么"的知识，也可以被称为狭义概念的知识。

关于陈述性知识的学习，主要有以下三个步骤。

第一，将陈述性知识同化好。引导孩子调动、激活大脑中能与新知识相联系的旧知识。

第二，将陈述性知识以多种形式编码表征好。在新旧知识之间建立联系。

第三，改造原有的知识结构。在变式练习中将陈述性知识转化为不同形式的程序性知识。"变式练习"是指变换训练的出现形式。具体到教学活动，是指在引导学生认知事物属性的过程中，不断变更所提供的直观材料或事例的呈现形式，使事物的非本质属性时隐时现，而本质属性保持恒定。这个过程有效地追求知识的内化，能够把所学的知识积极地转化为自己的知识结构的一部分。

程序性知识，本质是一套操作规则或程序，用于支配人的行为，是回答"怎么办"的知识。只有在解决问题时才能够体现或描述出来。它是理解掌握知识分类的关键点，同时也是难点。程序性知识不是从人们会说什么中得知，而是从人们会做什么中间接推测出来的。

从陈述性知识的学习过程中不难看出，同化学习是学习新知识的基础，同化过程的本质是异中见同的思维加工的过程。

在指导孩子学习时，家长要多多引导孩子遇到新知识时寻找大脑里与之相关的旧知识。在学习陈述性知识的同时，还要让孩子养成一个更关键的行为程序："学习新知识，就要寻找它与以前学过的知识有什么联系。"

学习中，这个行为程序若是经常运行，久而久之就会达到自动化的程度，孩子便会养成有效的学习思维策略。

程序性知识的学习，需要在不断的操作中完成。

任何一个知识点，在刚掌握理论的初级阶段，都属于陈述性知识。只有当学习者运用这些知识去解决问题时，陈述性知识才能转化为程序性知识。因此，孩子学习新知识时，他"说什么"不重要，关键要看他能"做到什么"。例如，当孩子能够默写平行线的定义时，只代表他记忆了陈述性知识，而这些知识还没有转化为程序性知识；当他能够运用平行线定义来解决数学问题时，才表明他不但掌握了陈述性知识，并且在一定情境下能够将其转化为程序性知识。

程序性知识的学习包括：辨别、概念、原理、规则。无论是哪一类的学习，首先都是以文字符号的形式表征的陈述性知识，只有进入解决问题的操作阶段，才转化为程序性知识。

陈述性知识向程序性知识的转化，是学习的重要阶段。这也是孩子在解决问题时能力的体现。孩子需要在解决问题的过程中完成"陈述性知识"向"程序性知识"的转化。

首先，将这些没有转化的概念、原理、规则，借用大脑的原有知识进行同化，把这些知识纳入到原有的认知结构中，完成对新知识的吸收。

其次，要在多种情景下，将概念、原理、规则进行多形式的表征，举出多个例子，将这些概念、原理、规则用多种形式呈现出来，这样可以尽可能地界定概念、原理、规则的适用范围。所以，在学习新知识的过程中，多看实例，可以调动大脑原有知识来加工理解概念、原理、规则的新知识。这个过程需要运用同化原理，将概念、原理、规则表征好。

孩子遇到一道数学练习题："判定下列各式中哪个是分式"（即"解决问题"）。

首先，孩子需要明白分式的定义（即"陈述性知识"）："如果 A、B 是整式，B 中含有字母且 B 不等于 0，那么式子 A/B 就叫作分式"。

接着，孩子需要利用分式概念进行判断，即运用概念来识别题中各式是否为分式。此时，概念就转化为程序性知识。程序性知识的体现形式通常是"如果……那么……"。

程序性知识其实就是面对某个问题情境时知道该怎么办的知识。是否能够准确运用程序性知识，关键在于不同问题情境下能否将概念进行多形式的表征。

如果孩子看到一组平行线，就立刻联想到同位角相等、内错角相等、同旁内角互补等概念，说明他已经将陈述性知识转化为程序性知识。

而陈述性知识表征的局限，制约了它在不同问题情境下的运用，也限制了陈述性知识向程序性知识的转化。

因此，孩子学习新知识时，需要一定数量的反复练习，这个过程就是不同情境下的变式练习。只有让陈述性知识多次在不同的情境下进行转化，成为程序性知识，才能达到以后可以自动运行的程度。

艾伦·加涅曾提到："在学习与应用阶段，陈述性知识与程序性知识以多种方式相互作用。在熟悉的情境中完成胜任性工作，程序性知识似乎特别重要。然而，在新的情境中，想到什么操作步骤管用，陈述性知识似乎是有用的。在学校教学中这两者都是重要的。"

我在辅导中经常会遇到一类学生，他们很难用文字清晰表述知识点、概念。在解题时，如果是常见的问题情境，这类学生就能够顺利解答；如果题型稍有变化，他们就无从下手了。

一次物理课上，我问学生何为"杠杆"，并要求他们判断滑轮是否是杠杆，如果是，请标注出该杠杆的支点及力臂。有一个学生站起来说："老师，我虽然不能准确地说出什么是杠杆，但是我会画。"

这个学生在纸上画了一个示意图。他认为只有如图2样式的装置才能称为杠杆，所以滑轮不是杠杆。

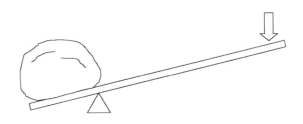

图 2　学生画杠杆示意图

我给学生们重新讲解了杠杆的概念，并展示了一些特殊类型的杠杆。这名学生才真正理解了杠杆的定义。

很多学生在学习过程中都认为自己已经理解了知识点，却无法用文字将其定义准确表述出来，在一些特殊情境下就无法通过现象把握问题的本质。

这种情况就是因为陈述性知识表征的局限，导致在解决新的问题时无法识别并运用掌握的陈述性知识，从而导致陈述性知识向程序性知识转化时出现障碍。

学车时，如果驾校教练能够用规范的驾驶操作语言来指导学员，那么学员就能比较迅速地掌握操作技巧。但更多的时候，驾校教练习惯用经验化语言，如"一把轮"。当驾校教练不能用规范语言将"一把轮"解释清楚时，学员需要花费很长时间才能学会旋转方向盘的操作要领。驾校教练的表达不规范，造成学员不能够清晰地记忆、理解操作规则，进而导致不能将规则转化为正确的程序性知识。

在解决问题的过程中，不仅要用到陈述性知识和程序性知识，还要用到策略性知识。

策略性知识是专门用来调控、指导、解决个体内部的记忆、思维等活动怎么办的知识。这类知识的特点就是对自己内部的记忆、思维运行进行觉察、监督、指导和调整。通过监督和调整，可以让人避免犯错误或找到更好的思路。

当面对一道表面上只要一步乘法就可以算出来的过于简单的问题时，做出一个自觉反应——"注意，这道题太简单了，不像是给我们这个年级的学生出的题，其中可能隐藏着故意让我们想不到的问题。"这种反应就是在运行策略性知识。

生活中，一个富有经验的人经常用策略性知识促进自身寻找一个更好的解决问题的方案。

例如，在一个寒冷的雪后冬日，室外气温在 -20℃ 左右。一位家住六楼的成年人需要回家取身份证。因为没有电梯，所以他想选择一个不用爬楼梯就可以拿到身份证的好办法。

他的大脑开始迅速思考解决问题的第一步：让家人打开窗户把身份证从楼上扔下来。方案提出后，他的大脑又迅速对自己的这个提案进行评价，反问自己："这样做可行吗？我是不是要想备用方案？""现在室外温度已到零下，窗户会不会已经冻上了？如果已经冻上，我需要寻找第二个方案。"

接着,他开始思考第二步:如果窗户可以打开,那么身份证就可以扔下来了。这个程序设计完,在还没有将其转化成行为之前,他的大脑又开始对这个程序进行监督和调节:"这样做行吗?可以吗?""如果扔下来,会不会掉到楼下的雨棚上?""如果会掉到雨棚上,我还得寻找第三个方案。"

整个思考过程中,大脑每设计一个程序,同时都要对这个程序进行监督和调整,进而筛选出一个解决问题的最佳办法。

通过这个例子可以看出,任何一个问题的解决,都要先运用大脑中储备的陈述性知识,设计出解决问题的程序性知识,再对程序性知识进行不断的监督和调整,从而获得一个更为适合当前情境的最完善、最科学的解决问题的方案。这个对内调节、监督和评价,促进寻找最佳方案的程序性知识就是策略性知识。策略性知识只有在解决问题的过程中,出现困难与冲突时才能够被意识到并体现出来。

面对需要解决的问题,无论是学习还是生活上的,孩子容易犯的错误就是刚刚设计一个程序就将其转化成行为,没有意识到要对程序进行评价、监督、调整。

例如，孩子遇到上面那个问题，可能想到让家人开窗户扔下去这个方法后，就不会去考虑"窗户是否会被冻上？""扔下来时，是否会正好跌落在楼门口的雨棚上？"等因素。这是因为孩子的策略性知识储备不足，不能不断地针对自身面对问题情境设计的程序进行有效调整和监督。

因此，一个孩子如果在课业练习上能灵活运用所学知识，那么策略性知识一定是他的知识结构中不可缺乏的一环。

3. 构建知识结构的方法

探索新旧知识的关联

学习的过程就是利用大脑的旧知识来解释新知识的过程。因此，鼓励学生探索当前学习的新知识与旧知识的关联，有助于促进学生对新知识的吸收。更为重要的是，可以让他们养成将新旧知识相关联的思维习惯。将新旧知识相关联，是一个主动加工知识的习惯。而这个习惯恰恰是一个重要的思维习惯，也叫"异中见同"。

例如，家长可以让孩子在学习不同的数学概念时多想一想。学习分数时，想一想"分数和之前的除法有什么相似之处"；学习乘法时，想一想"乘法和加法有什么相似之处"；学习有理数加法时，想一想"它与小学学习的数的加法之间有什么区别"；学习二元一次方程组时，想一想"它和之前的一元一次方程有什么区别"；学习二次函数时，想一想"它和之前学习的一元二次方程有什么区别"。

若是认真研读每一科的教材，不难发现，所有教材在编写时，都是借用学习者已经掌握的知识来总结、理解新知识。

高一数学教材中给出了集合的定义。"集合"一词与我们日常熟悉的"整体""一类""一群"等词语的意义相近。例如"数学书的全体""地球上人的全体""所有文具的全体"等都可分别看成是一些"对象"的集合。不难看出，教材编写者借助了生活中的例子对集合的定义进行了初步的讲解。

高一物理教材中，教材编写者为了让学生更好地理解物体和质点的关系，同样借用生活中的例子来讲定义。"雄鹰拍打着翅膀在空中翱翔，足球在绿茵场上飞滚……在这些司空见惯的现象中，雄鹰、足球都在做机械运动。但是，谁又能准确地描述其上各点的位置及其随时间的变化呢？雄鹰的身体向前运动，但它的翅膀在向前运动的同时还在上下运动，足球在向前运动的同时还在滚动……可见要准确地描述物体的运动，并不是一件容易的事。"

如果孩子能够在学习新知识的过程中主动把新知识与旧知识建立联系，必然更容易吸收新知识，让自己已有的知识结构框架变得更为完善。

寻找题与题之间的共性

我在多年前曾辅导过一名高中生。这个孩子在初三时就曾来求助过我，但是当时临近中考，她没有那么多的时间接受我的系统辅导，只能作罢。进入高中后，她的数学成绩一直不太理想。于是，高一暑假期间，她再次前来寻求帮助，参加辅导。

这个女生是一个积极努力的孩子，就算是暑假，每天都保证8小时的学习时间。我看过她平时的学习时间表，安排得还算合理。

即便在数学学习上花了很多精力，这个孩子的数学成绩还是一直不理想。开始辅导后，这个孩子带了15道自己花了很多时间却仍旧无法解答的数学题来咨询。通常情况下，别的辅导班老师会以答疑的方式，一道一道地进行讲解。但是，如果一节课上将15道题挨个讲解一遍，学生即使当时理解了，课后遇到类似的题目时仍很难通过独立思考来解题。

因为人的大脑喜欢简单有序的信息。如果信息量过载，会诱发大脑产生焦虑情绪。因此，学习过程中并非是学习数量越多，学习效果越好。

于是，我让这个孩子从15道题中挑选3道她认为最重要的，而我只会为她讲解那3道题。

我坐在一旁，耐心地等待她做选择。一开始，这个孩子非常纠结，很难取舍，思考研究良久才最后敲定了3道题。当我问及为什么会选那3题时，她给我一一分析了选出的 3 道题和舍弃的题目之间是什么关系。孩子做选择的过程花了半个小时。这看似没有花在讲解题目上而被浪费的半个小时，却培养了她异中见同的思维能力，完善了自身的知识结构。

过往很多期的特训营中，我都运用这类方法指导入营学生突破自己在学习上的薄弱环节。

记得一年寒假训练营，有一名来自山西高二的理科学生，理科学习成绩都比较理想，就是英语学习能力比较差。他妈妈为他请了很多英语补习老师，可他的英语成绩还是一直上不去。在我们的特训营中，我们更多的是借助理科教学来指导学生学习五维高效学习的策略和方法。特训营进展到一半时，这名学生找到我，表示参加了特训营前半截训练很有收获，理科学习也有了新突破，但自己来参加特训营主要还是为了解决英语学习问题。

为了让他安心继续参加特训，我给他布置了一个任务：找到 5 篇做过的英语完形填空，不必纠结正确答案，而是将这 5 篇完形填空所要考查的主要知识点总结出来。

第二天，这个学生就很高兴地告诉我，原来完形填空没有那么难，考查的知识点就那几个方面。这时，他也明白了，之前的理科培训并不只是为了提高理科成绩，更是在培养对各科知识点的联系和总结。特训营结束后，这个孩子在新学期里英语学习有了长足的进步。高考时，他的英语考了 100 多分。

无论是理科学习还是文科学习，都可以通过研究题目之间的联系来掌握知识。

之前我在河北省办过一期高考特训班。当时距离高考只剩一个月，想要帮助参加特训的学生准确高效地解决自身存在的学习问题，首先就要帮助他们精准地找出造成自己学习问题的根源。

我让所有参加特训的学生，每人都找出 5 套曾经做过的试卷，并将自己做错的题目的共性规律找到。而且，判断错题共性规律的角度不限。例如，从内容的角度来找共性，学生就会发现自己在哪些知识点的理解和掌握上不够扎实；从思考方式的角度找共性，找出错误的原因，是因为马虎还是完全没思路，还是有思路但是做不出；从解题习惯的角度找共性，甚至还可以跨学科看到自己在平时解题习惯上的共性特征。

我就是让参加特训的学生，通过研究错题之间的共性关系，研究测试卷与练习题之间的共性关系，来化繁为简，找出问题背后的共性规律，发现知识结构中的致命短板，然后再有针对性地解决问题。

发现知识点间的联系

教师或者家长,可以带着孩子一起阅读教材,训练他们将知识建立联系的能力。下面我通过培训课的实例来给大家展示实际操作步骤。

首先,分析教材中待学章节的标题。

教师:我们把教材翻到第4页,看书中的标题"平行四边形及其性质"。首先,大家思考一下这个标题隐含了本节课要讲几个问题?其次,思考这个标题与本章标题"特殊的四边形"有什么样的关系?

学生甲:就是平行四边形。

学生乙:就是特殊四边形——平行四边形。(**教师在此处应关注学生的反应,无论学生的回答是否正确,都要给予积极的强化,以便进一步引导。**)

教师:好,大家说得都对!那本节课到底讲几个问题,这节与本章有什么关系呢?(**进一步推动学生思考。**)题目中有"及其"两个字,说明讲几个问题?

学生:两个问题。一、什么是平行四边形;二、平行四边形的性质。

教师:好,非常好!(对学生的回答给予积极的强化。)那第二个问题,这节和本章的关系?

学生:平行四边形就是特殊的四边形。

教师：好，非常好！我们这节课就是来学习四边形中一种特殊的四边形——平行四边形，以及它的性质。（**教师仍然要对学生的回答给予积极有效的强化，以促进学生积极情绪的获得，使知识和情绪建立反射。**）

教师一步步地引导，不断推动学生对知识结构关系进行深入的思考。一方面可以提升学生的思维能力，另一方面能够促进学生建构自己的知识结构。

教师：题目中的"性质"指的是什么？上一章中，我们学习过三角形，讲到等腰三角形的性质时，提过什么？我们一起来检索一下大脑中的旧知识。（**教师此时主动引导学生利用大脑中的旧知识来理解要学习的新知识，进而形成良好的自我建构知识的思维习惯。**）

学生：性质就是特征、特点。

教师：说得好！性质就是特征。（**教师仍然要对学生的回答给予积极的强化。**）

然后，开始教材正文内容的学习。

教师：我们先看书上的图1，一共有几个图？

学生：3个。

教师：这3个图有什么共同的特征？

学生：都是平行四边形。

教师：好！（要对学生的回答给予积极的强化。）你为什么说都是平行四边形。(**进一步推动学生思考，促进学生思维的深加工。**)

学生：因为都符合定义，所以都是平行四边形。

教师：是什么关键要看它的特征，教材中就设计了3个相关问题来研究。大家认真思考了这3个问题，自然就可以回答老师的问题了。大家先思考书上的3个问题，并把自己的答案记录在书上。(**培养学生良好的行为习惯。**)

在学生思考问题时，教师不断地在教室里巡视，向一部分底子差的学生提示解题思路，对有进步的学生再给予一些肯定。

教师：大家做得都很好！(**要对学生的回答给予积极的强化。**) 大家觉得教材为什么要提出这3个问题？这3个问题有什么关系？(**不断推动学生对信息进行深加工。**)

学生：这3个问题告诉了我们什么是平行四边形。

教师：好，回答得非常正确！(**要对学生的回答给予积极的强化。**) 其实这3个问题就是让我们通过对实物的观察总结得出平行四边形的定义。任何一个知识点都不是孤立存在的。知识学习的过程就是将生活中的感性认识不断上升到理性认识的过程。(**教师通过讲解增强学生对学习过程、认知过程的进一步认识，进而增强学生的元认知。**)

教师：现在，大家觉得，什么是平行四边形？
学生：两组对边平行的四边形。

教师：好！（对学生的回答给予积极的强化。）我们来分析这句话，首先是几组？（**教师对教材中的定义进行深入讲解，帮助学生对知识进行深加工。**）

学生：两组。

教师：什么边？这两组边是什么关系？

学生：对边，平行。

教师：这是个什么形？

学生：四边形。

教师：好！大家一定很想记住这个定义，老师可以让大家不需要反复背诵就能轻松记住。大家跟上我的节奏，现在在纸上画一个平行四边形。

学生在纸上画平行四边形。

教师：好！（对学生的回答给予积极的强化。）大家观察这个图形的边，一共几组？

学生：两组。

教师：好！什么边？这两组边什么关系？

学生：对边，平行。

教师：好！这个图形是什么形？

学生：四边形。

教师：好！我们把这些信息整合起来就是？

学生：两组对边分别平行的四边形是平行四边形。

教师：好！很好！（对学生的回答给予积极的强化。）接下来我们在大脑中画一个平行四边形，按照刚才的过程再进一步分析这个图形的边与边的关系。

通过这个实例，大家不难看出，引导孩子阅读教材，分析待学内容，可以帮助孩子深入理解和记忆知识点，有助于他们将所学知识点联系起来，建构自己的知识结构。

画出知识结构图

阅读教材、自学新知识点后，合上书尝试回忆新学知识、画出知识结构图的过程，是一个自我验收和自我考核的过程。这个过程会促进学习者对已有知识的检索和新学知识的吸收。学习者不断利用大脑中的新知识点作为线索进行尝试性回忆，通过这个过程将相关旧知识与所学新知识关联起来。这样的新知识复盘过程，可以促进学生对所学新知识进行进一步的深加工和精加工。

阅读教材的过程中，大多数学生常常以读懂书中内容为主导，缺乏对知识结构的梳理。因此，教师或家长应提醒孩子，在通过阅读教材自主学习时，切记不要只通过背诵书本内容去记忆知识点，而应该通过掌握知识结构去实现对知识的理解和记忆。构建知识结构时，死记硬背只会事倍功半。

正因如此，合上书画知识结构图的最大价值，就是促使学习者跳出知识点本身，站在高处，统领全局，构建出整体知识结构。

复盘新学知识时，必须合上书，通过回忆画出知识结构图。如果依照书中内容抄写，虽能交一份较为完善的知识结构图，但是无法引发学习者真正的思考。缺乏思考的学习，必然无法实现知识的深加工和精加工。

通过回忆来复盘新学知识，一旦回忆不够顺畅，就会推动学习者去思考。学习者在第二次看书时，必然会更加专注和投入。但出现回忆不顺畅时，也不要马上翻开书去寻找遗忘了的内容。这种快速缓解冲突的做法同样不利于学习者对新学知识进行深入思考。

总而言之，通过自主阅读教材学习后，合上书独立画出知识结构图来复盘新学知识，是一种有助于完善知识结构的学习策略。这种学习策略，并非只为单纯强化对新知识的记忆，还能够训练学习者对知识的深入加工能力，以及推动学习者养成对知识深加工、精加工的学习习惯。

4. 针对性完善各类学习困难生的知识结构

三类知识的相互作用组成完整的知识结构。任何一类知识的不足或缺失，都有可能导致孩子出现学习障碍。

出现学习障碍的孩子，按学习成绩可以大致分为三种：成绩中上等生、成绩中下等生及成绩下等生。

我们可以通过了解三类孩子在解决问题过程中的思维障碍点，来引导他们补救解决问题时所缺失的知识，最终顺利扫除学习障碍。

成绩中上等生，解题时遇到的障碍往往是受到程序性知识的制约。这类孩子，具有解题所必需的陈述性知识，也有较好的策略性知识，但缺乏解题过程中具体的程序性知识。因此，在课业练习时，他们应该多做陈述性知识的转化训练。这类训练可以让孩子根据问题情境，即题中信息，熟练选择转化为哪一个程序性知识。

成绩中下等生，解题时遇到障碍则是受到了策略性知识的制约。这类孩子在课业上遇到难题，就下意识认为自己没有能力解决，不假思索地采取回避态度。这种情况在有学习障碍的学生中最为普遍。面对只需要一两个程序性知识就可以解决的简单问题，这类孩子能有不错的表现。可他们缺乏自我调节能力，无法在困难面前进行自我调节来实现自我突破。面对复杂的问题，尤其是多个程序性知识相互作用且需策略性知识不断调节的，他们就会表现不佳。而且，这类孩子还严重缺乏自我监督的能力，经常出现"回避问题"的思维习惯。这也是他们难以提取、转化对应的程序性知识，导致解决问题过程中障碍重重的重要原因。

这类孩子不缺少陈述性知识、程序性知识，只是不能自动提取所需的程序性知识，才造成解决问题过程中经常出现障碍。如果能够给予科学的引导，就很容易将障碍扫除。家长可以给予这类孩子积极引导，推动其不断寻找程序性知识来尝试解决问题。当认识到制约学习问题的因素，不是教材中的知识点，而是自身的调节、监督和探索能力时，孩子的元认知系统会由此得到改善，以后再遇到问题时就会努力实现自我突破。

成绩下等生，由于长期不能解决问题导致三类知识都缺乏，基本算是学习严重困难生。这类孩子，三类知识都需要进行补救。

在实际学习中，很多老师和家长，往往花了大量的时间和精力为孩子补救陈述性知识，但是没有注意另两类知识的补充。这样一来，孩子在解决问题时仍不能顺利提取到所需知识，造成教学双方二度信心缺失。

三类知识在解决问题的过程中是一个有机的整体，任何一个知识的缺乏或提取出现障碍，都可能导致问题无法解决。因此，这类孩子要以问题为中心，不断学习策略性知识、程序性知识、陈述性知识。一旦经历几次成功的解决问题，孩子就会获得系统的策略性知识，进而推动自我补救陈述性知识与程序性知识。

我曾辅导过一名成绩在年级排名倒数的高一学生，这个孩子的数学成绩只有 17 分。我在辅导过程中，以他当时存在的问题为核心，进行三类知识的辅导。9 次辅导后，这个孩子就从年级 800 多名，考进了年级前 400 名。

解决学习困难生的学习障碍问题有以下四个关键点：

第一,要摸清学习困难生缺乏三类知识中的哪部分。

第二,使用问题为中心的补救措施,同时强化三类知识。

第三,问题解决后要带领孩子进行反思,这是推动孩子提升元认知的关键,元认知系统发展起来后就能进行有效的自我推动。

第四,有效完善自身的学习系统。

第五章
改变思维方式

构建完整的知识结构,除了对知识点的背诵、记忆之外,还要依靠完善的思维方式。

　　思维方式,需要在一定知识量的基础上通过反复解决问题来建立。孩子只有在对未知世界的探索中才会不断思考,将原有知识和所遇问题建立联系,寻找处置方法。

　　若想孩子能够拥有完善的思维方式,家长不仅要鼓励孩子勇于探索,还应引导孩子独立思考,让孩子能够体会思考带来的快乐,增加孩子解决问题的信心。

1. 思维能力影响人的一生

纵观人类历史，众多科学发现、发明都跟人的思维有关。

鲁班观察到草叶的锯齿形边缘，再将其与伐木过程建立联系，发明了锯。阿基米德在浴缸里洗澡时，看到满溢出去的水而想通了如何称量王冠的体积。除了鲁班、阿基米德之外，还有牛顿、爱因斯坦等科学家，他们所看到的事物，人人都能看到，可只有他们从中总结出了各种科学定律。这些科学家发现的科学定律不仅对自己的一生造成影响，对全人类都有着深远的影响。老子、孔子等古代圣贤，对人类发展规律的认识和总结，给我们整个民族带来了深远的影响。直至今日，我们还在不断学习和践行先贤们总结出来的规律。

无论是科学家、发明家，还是思想家，这些人类先贤对世界的认知，之所以超越大多数普通人，正是因为他们具有与众不同的思维能力。

不仅先贤如此,现代社会的成功人士亦是如此。如霍金、比尔·盖茨、乔布斯等,他们具有的超凡能力皆是源自他们的思维能力。他们的思维能力不仅影响了他们自己的一生,而且影响了一个时代。

有人曾说,知识会影响人一生。然而,我觉得说"思维会影响人一生"更为准确。

很多优秀的人才之所以优秀并非只因满腹经纶,更多的是能够借助所掌握的知识创造性地解决问题。我在前文提到,爱因斯坦曾说过,"当我们忘记了学校里的知识,留在大脑里的就是教育"。这就是在学习过程中获得的一种思维能力。

思维能力是影响人一生的能力。它包含很多内容,如人的探索性、创造性,思维的系统性、灵活性、逻辑性及思维的发散与集中。这些思维能力都能在学习过程中得到培养和训练。

很多家长爱做一些替代孩子成长的事情。因此,有些孩子从小到大的成长中很少需要思考。加之当下教育过于关注孩子分数,孩子参加各类早教班已成风气。就为了"不要输在起跑线上",孩子从早期教育阶段开始,就要不断地重复练习英语单词、古诗、钢琴等技能。很多孩子因为大量重复性的练习,导致他们的思维在小学阶段就已经出现一定程度的僵化。

然而，思维方式也是影响孩子学习的因素之一。孩子需要经过独立思考、反复尝试才能建立起属于自己的完善的思维方式。

还有一类比较典型的现象：学生在小学阶段学习成绩拔尖，刚进入初中时成绩中等以上，到了中考时成绩变为中等，进入高中后一年比一年差。这类现象就是因为在早期学习的过程中，很多家长只关注成绩本身而不考虑孩子的认知规律，不断要求孩子去记忆知识。家长这种行为造成这部分孩子在知识简单、知识量较小的学习阶段容易获得优秀成绩，但同时也造成了孩子思维僵化的坏习惯。因此，进入高年级后，随着知识的数量与复杂性的增加，孩子僵化的思维就开始制约知识的深加工，最后导致成绩下滑。

解决课业问题时，孩子需要有在困难面前坚持探索的勇气，整合加工知识、寻找信息间逻辑的能力。由此可见，整个解题过程，是一个系统思考的过程，一个能力交融的过程。在学习过程中锻炼出良好思维能力的学生，不仅学习成绩优异，而且在未来的工作中也会具有较强的问题解决能力。

我的一个学生小松，就属于思维能力优异的孩子。他热衷于独立思考，求学期间遇到问题不依赖于老师的讲解，而是积极独立研究，寻求解决办法。读书时期的思考习惯，使小松的思维能力得到了极大的锻炼和发展。工作后，小松凭借思维能力的优势，常常能够攻克工作上的技术难题，很快就在同龄人之中脱颖而出，成为所在领域中的技术专家，颇受单位领导重用。

而思维能力有缺陷的孩子，缺乏全局观，遇事易钻牛角尖。这类孩子谈论问题时，有时会表现出"片面的深刻"，就问题的某一点能发表看似深刻的观点，但是，解决问题时却往往会出现盲人摸象的状态。由于缺乏全局观，这类孩子在学习、生活、工作中的方方面面都容易顾此失彼，包括对情绪的控制。他们很可能会因为同学的一句话导致情绪的变化，致使自己的情绪像过山车般忽高忽低。这类孩子成年后成为父母，也同样会是情绪化的父母。只有他们认识到自己的思维局限，主动改善思维方式，才有可能获得人生的良性改变。

因此，无论是老师还是家长，都应该积极引导孩子，推动孩子思考，让孩子学会探索知识间的联系，使他们的思维能力得到锻炼和发展，培养孩子自主解决问题的能力，让孩子逐步培养出良好的思维能力。在学习过程中，能够不断反思、总结学习方法的学生，不仅可以很快提升学习成绩，而且还能借助学习获得自我反思的思维习惯。这个思维习惯将促使他们不断自我完善、自我成长。这类孩子，一定会拥有一个终身成长的人生。

思维是影响人生成败的关键因素，左右着一个人的人生轨迹。思维之所以能够影响孩子的一生，是因为思维会影响到人的行为。

思维左右着孩子的思想和行动，决定了他们看待事物的角度和高度。看问题的角度、方式不同，所采取的处理方案就不同，面对机遇时的选择也不同，在人生路上收获的成果自然不同。正确的思维方法能为孩子提供更为准确、更为开阔的视角，帮助他透过现象看本质，抓住问题的关键所在。错误的思维方法则会让孩子思想固化，容易陷入思维误区，不仅无法解决问题，还会让事情变得愈加复杂，最终走向失败。

有一年寒假，我曾给一名高二的学生上了 10 节辅导课。课程结束后，这名学生的评估测试表明，他基本掌握了高二学生解题必备的知识和策略。当时，我一直觉得在新学期的开学考试中，这名学生肯定会获得优于以往的成绩，重拾学习的信心。谁知道，他数学考了个零分。

得知这个消息时，我非常意外，一是出于对自己辅导课程效果的自信，二是考零分其实也是一件不容易的事情。

可这个孩子为什么没有获得我预期的成绩呢？我带着这个疑问找到了家长，通过家长要到了孩子的答题卡。

刚一看答题卡，我就发现了一个很明显的问题：每一道非选择题，都会出现三次答题痕迹；第一处、第二处都被涂抹掉，只留下第三处。可是，透过并不严实的涂抹痕迹，我发现第一次的解题步骤都是正确的。这一点让我产生了更深的疑惑，孩子为什么多次将正确的答案涂抹掉呢？

我又与孩子母亲进行了一次交流，在交流中，我确定了自己对这个孩子个性的猜测：他在生活中遇到任何问题都会非常纠结。举个例子，一家人外出吃晚餐，让他选饭店，他都会纠结很久。

由此可以看出，这个孩子有一个固有的思维方式：脑子里只要冒出一个想法，就马上否定掉。因此，孩子才会在考试中不停地修改答案，导致答题时间严重不足；而时间紧迫又会让他更加慌乱，越发不知所措。

找到这个症结之后，我在教学过程中针对孩子的性格给予了个性化指导。我告诉这个孩子，即使因为选择失败而遭遇错误，也是一种收获。最起码下一次面临选择时，他可以迅速剔除这一选项。我还不断鼓励他在做题时和生活中都学会尊重自己内心的想法。

课业训练时，我鼓励他先按自己最初的想法坚持求出答案，即便到了最后发现得出的答案是错误的也无所谓。同时，我鼓励他在生活中不要因为担心想法可能会被成年人否定而不断纠结，只按自己的第一反应去选择就好。

在我坚持不懈的引导下，这名学生慢慢建立了解决问题的自信。与此同时，我也跟孩子的家长进行了交流，建议他们在生活中要给予孩子更多的尊重，相信他的选择。

高三的第一次月考，这个孩子提出不想参加学校的考试。孩子家长刚听到时，立刻濒临崩溃边缘。一个高三学生竟然不想参加学校的模拟考试，那要怎么面对即将来临的高考？

得知此事后，我倒认为这不失为一件好事。一个以前那么容易纠结的孩子，现在面对家长、老师带来的各种压力时，却能勇敢地提出一个"冒天下之大不韪"的想法。这个举动，恰恰表现了孩子已经开始尊重自己的内心，而且心中也充满了足够的力量。同时，我也认为与其在恐惧和担忧中去考试，倒不如放松身心，给自己一点时间去进行自我修复。我相信，经过充电后的孩子会拥有更多面对挑战的勇气和信心。

而孩子家长则担心，如果同意孩子不参加第一次月考，孩子以后就再也不愿参加考试了。我非常理解家长的担心，可基于对这个孩子的充分了解，我觉得他们有些杞人忧天了。毕竟，一个学习成绩一直倒数第一，却仍坚持读书、没有厌学的孩子，不可能到了高三就彻底放弃自我了。我也是看到了这点，才会非常坚定地支持孩子不参加第一次月考。

后来，在我的支持和帮助下，这个孩子说服了父母，又通过家长的帮助，说服了老师。

表面上，孩子似乎是做了一个不积极的选择。实际上，他却从这件事上体验了一次遵从内心选择带来的自由和力量。而通过这件事，孩子收获的是比一次考试更宝贵的东西——增强了对自己做选择的能力的信心。

无论是学习还是生活，面临选择时，只要能够勇敢地面对，不管成功与否，都会有所收获。并非只有完美的结果才能称之为收获，失败同样是一种收获，同样能够帮助我们在下一次选择时更迅速地找到正确的选项。

然而，这个孩子并不是个例。在教学过程中，我发现每个孩子在解题过程中的思维习惯与他在生活中的行为表现极其相似。经过长时间的积累、总结之后，我甚至可以通过观察一名学生做过的作业而推测出这个孩子大致的性格特点。

无论是家长还是老师，只要留心，都可以发现，孩子的学习习惯、思维方式与他的性格有相似、相通之处。并且,这一点在很多成年人身上也有体现。

除了给家长和孩子做辅导,我们也会开展一些教师培训。在培训过程中,我也有一个有趣的发现:学生时期,性格中的短板会影响学习习惯及思维方式。如果这个短板没有及时解决,势必影响一个人的学习成绩,导致一些学习问题,例如偏科。然而,这些学习问题如果在学生时期没有解决,其中隐含的思维方式、行为习惯的缺陷,有可能在成年后的行事中反映出来。简单来说,学生时期养成的不佳思维方式、行为习惯,会陪伴一个人的一生。

我们曾经给一批中学教师做培训。这个培训,是通过亲身体验让教师懂得,如何通过观察学生在答题过程中遇到的障碍来判断其思考过程,进而可以更有效地辅导学生。

培训中,有一个训练项目是让文科教师来解答数学题。我们设计了如下 3 道训练题。

第一题:已知 $a^2 + 2a + b^2 - 6b + 10 = 0$,求 a 和 b。

第二题:已知 $m > n > 0$,比较 $m^2 + m^2 n$ 与 $mn^2 + n^2$ 的大小。

第三题:一个角的补角加上 $10°$ 等于这个角的余角的 3 倍,求这个角。

参加培训的文科教师,有许多在学生时代就深为数学所苦。而项目训练结束之后,我们发现,那些当年在数学学习方面有障碍的教师,无论是思维方式还是行为习惯,依旧被这种障碍影响着。我挑选三位比较典型的教师为例,为大家说明一下。

教师甲,某学校的一名中层干部。他自从拿到试卷,就一直没有动笔解题。即便周围的老师都纷纷开始解题,他仍毫无进展。

我询问他是否遇到了什么障碍而无法解题时,教师甲的反应很有趣,他说了一句话:"你出的题一定有陷阱,我不会去做的。"

在其他老师做完交卷时,教师甲依然不相信这三道题是可以解答的。他认为其他同事并没有解出正确答案,只是胡乱作答,甚至还找出了看似非常恰当的理由来证明这三道题是无法解答的。

我们设计的三道数学题是不同类型的题目,可教师甲在面对它们时都表现出了同样的行为。从他的行为中,我们不难推测他有一个比较稳定的思维习惯:这个问题如果不能马上找到答案,那么一定很难解决。如果解决问题时有困难,那么一定是有人故意设置障碍。如果有人故意设置障碍,那么我就没必要浪费时间解决一个很难有结果的问题。

解决问题的过程中遇到障碍,有些人会选择放弃。在这些人中，有一类人将问题的矛头指向内部，否定自我，认为是自己无能力解决；而另一类人会把问题的矛头指向外界，认为问题本身难度过高，超出自己的能力范围，教师甲就是这一类人的典型代表。无论是指向内部还是外界，这两类人都是在回避解决问题。

遇到问题时，每个人自我调节的策略各不相同，不同的策略促使不同的行为产生，也体现出不同的个性。

教师甲遇到自己无法解决的问题时，他就会启动自己固有的自我调节程序，跳过解决问题过程中对内的调节与监督，直接选择否定外界。他的选择无法实现对问题的深度剖析，自然无法寻找到解决办法，导致的结果就是放弃、逃避解决问题。

拥有这样思维方式的人，在工作、生活中，常常会表现出对问题的规避，遇到新的挑战也会表现出习惯性逃避。

与教师甲相反，教师乙是一位很执着的老师。他在解决第一题时，也和教师甲一样，花了很长时间都没有解出正确答案。训练结束后谈话时，他告诉我，当时他已经完全想不起此类数学题的解题规则了。但是，教师乙自始至终没有放弃，并且坚信这些问题都是可以计算出来的。这一点，从他的草稿纸上也能看出来。每一个思路，教师乙都反复运算超过了三次。

通过解题过程可以看出，教师乙具有"明知山有虎，偏向虎山行"的性格特点。即便在一个思路上反复尝试都没有得到有效结果时，他仍旧可以坚持不放弃。由此可见，教师乙面对问题时具有持续探索的韧性，但缺乏自我反思和调节完善能力。

正确的自我调节策略，应该是不断调整、优化解题的思路。而教师乙则是在不断重复原来的思路解题。

谈话中，当我问及是否考虑过应调整自身解决问题的思路时，教师乙则表示如果有时间还要继续坚持原来的思路。当已经收到应该转换思路的提示时，教师乙仍旧没有试图调整。这一点表明，教师乙在解题过程中不断地进行自我暗示："没关系，继续做一定能做出来。"这种暗示，会让他无法意识到需要调整和改变解题策略的节点，自然也不会对解题过程进行反思、优化。最终结果就是，教师乙会做很多徒劳无功的努力。

尽管教师乙面对问题时，比教师甲更积极地不断探索解决方法，可因自我反思和调节能力的局限性，他没有完成对问题的深入思考，而是盲目地认为自己选择的方法是有效的，最后只能以失败告终。

教师丙属于比较典型的语文老师。她在学生时期就有一定的数学学习障碍，工作之后更是长时间没有接触过数学题。刚拿到题目时，教师丙流露出了一些焦躁情绪。但当很多同事都已经交卷之后，教师丙仍旧不愿放弃。

在谈话中，教师丙向我坦言，培训结束回家后，她仍在思考如何解题，并且还伴随一定的焦虑情绪，还和先生起了争执。第二天上班后，冷静下来的她也进行了反思，意识到了在工作与生活中，自己经常会出现因情绪干扰而无法顺利解决问题，甚至有时还会激化矛盾的情况。

每个人都拥有一套对外的固有程序和对内的调节、监督策略。尤其是在复杂问题的解决过程中，对内的调节、监督、优化显得尤为重要。自动运行的思维程序与策略体现出来的，就是行为习惯，稳定的行为习惯就是人的性格。每个人在面对同一个问题时展现出的行为不同，也是因为每个人拥有的自我调节程序不同，优化这些程序的策略也不同。以上三位教师的解题过程，就充分证明了这一点。他们的行为都形象地展示了各自的思维方式。而他们的思维方式对自身思维能力的限制也展露无遗。

2. 增强思维能力的方法

使用问题中心图式

解决问题的过程,就是三类知识相互作用的过程。因此,想要解决问题,必须表征涉及该问题的所有相关知识。打个比方,我们想要用电饭锅煮米饭,就必须先有米、水、电饭锅等必备材料(陈述性知识);然后需要将这些材料有机结合起来,如水和米的比例(程序性知识);同时,还必须调用策略性知识,如家里突然停电该怎么处理(策略性知识)。

不难看出,任何问题解决的关键是与该问题相关的所有知识在一定程度上得到有效的表征。

与问题相关的所有知识,被称为知识组块或知识单元,也就是前文提到的问题中心图式。

认知心理学认为,一个大的知识单元中既有陈述性知识,也有程序性知识,二者相互交织在一起。于是,心理学家才会用"图式"一词来描述这个知识组块。到了20世纪80年代中期,美国学者 Ton De Jong 把围绕解决某个或某类问题而在大脑中组织起来的较大知识单元结构,称为问题中心图式。这位学者的研究结果表明,善于解答物理题的学生的大脑中都贮存着一个个知识经验组块。每一个问题中心图式都以一类问题(关键的学科难题)为中心,组合起解决这类问题所需的各类知识。只要在练习中遇到这类问题,学生就可以调动储备迅速作答。

我举三个例题,简略描述以问题为中心的三类知识,这样大家更容易理解问题中心图式。

例一:若直线 $y=3x+b$ 与两坐标轴所围成的三角形的面积为 6,则 b 为(　　)。

A. 6　　B. -6　　C. ± 6　　D. ± 3

陈述性知识:一次函数表达通式、一次函数的图像特点、三角形面积公式。

程序性知识:如果出现一个函数解析式,那么就要想到相关的图形;如果找到对应三角形,就列出三角形面积公式。

策略性知识:如果在解题时没有思路,那么就要学会将已知条件转化为可利用条件。

例二:一个角的补角加上 $10°$ 等于这个角的余角的 3 倍,求这个角。

陈述性知识：余角定义、补角定义、方程。

程序性知识：如果求一个角，那么就要设角 α；如果有余角，就表示为 $90°-\alpha$；如果有补角，就表示为 $180°-\alpha$；如果有数量关系就可以列等式。

策略性知识：面临问题时，尽可能将题中已知条件转化为可利用条件。

例三：已知 $\triangle ABC$ 中，$\angle ABC = 60°$，$AB = AC$。求证 $AB = AC = BC$。

陈述性知识：等腰三角形的性质、三角形内角和定理。

程序性知识：如果 $\triangle ABC$ 中，$AB = AC$，那么 $\angle B = \angle C$；如果 $\angle ABC = 60°$ 那么 $\angle B = \angle C = 60°$；如果是三角形，那 $\angle A + \angle B + \angle C = 180°$；$\angle A = 60°$。

策略性知识：把已知条件转化为可利用条件，如等腰三角形的两个底角相等。

从三个例题可以看出，每个问题中心图式都由三类知识组成。因此，孩子在课业练习上遇到难题时，家长可以引导孩子罗列相关的问题中心图式，以此来找寻解题线索。经过一段时间的锻炼，这种形式就会成为自发性的思维方式，有助于知识的运用和吸收。

使用同化学习策略

养成利用问题中心图式来分析知识点的解题习惯后，我们还需要让自己的大脑更高效地处理提取到的信息。于是，我们需要用到一个重要的学习策略——同化。

同化一词的基本意义是接纳、吸收和合并为自身的一部分。生理学中，同化是指吸收食物并使之转化为原生质。德国心理学家、教育家赫尔巴特最早用这个概念来解释知识的学习。他认为，学习过程是新观念进入原有观念团内，使原有观念得到丰富和发展，从而为吸收新观念做好准备的统觉过程，即新旧观念的同化过程。

知识吸收的过程，如同轮船驶入港口，轮船就是新知识，而港口锚桩相当于大脑里的原有知识，将船系在锚桩上的过程就是同化。

老师在授课的过程中，常会通过举例子来讲解一个新概念；一本书在讲解一个新概念时，也常用大家熟悉的例子来说明。例如，化学课会先讲解生活中的一些现象，如铁生锈、木炭燃烧等；物理课也是从身边的物理现象来引入物理概念；地理课同样是从身边的地理知识讲起。例子的设置，就是在调动学生大脑中的原有知识，来对接后面要讲解的新知识。

当新知识进入大脑中时，大脑必须将其与原有知识建立起联系，也就是同化过程。一旦新旧知识建立了联系，大脑就建立了新的神经连接，同化就完成了。

同化结束后，新知识与原有知识完全建立起良好连接，会使知识表征（在大脑中的呈现方式）变得清晰。学习的过程，也是知识的加工过程，就是利用大脑中的原有知识加工新知识的过程。因此，同化是一种必要且有效的学习策略。

使用同化学习策略的首要因素是原有知识的稳定性与清晰性。

原有知识是否能固定新知识，关键在于原有知识在大脑中的清晰稳定程度。就像锚桩如果不固定，船是不可能被固定的。因此，原有知识的稳定程度是制约同化学习的首要因素。

例如，当孩子不能记忆圆柱体体积的计算公式时，家长该如何帮助他呢？

首先，家长应该引导孩子寻找与之相关的原有知识，如长方体的体积公式。但如果长方体的体积公式都没有被清晰记忆时，它更没办法帮助孩子理解、吸收圆柱体的体积公式。这种情况下，家长就要引导孩子更为牢固地掌握原有知识。孩子生活中接触最多的物品中，肯定有某个圆柱体的实物。这个知识的清晰度一定要比学生学习到的其他公式稳定,所以应该选用圆柱体实物作为原有知识来吸收新知识。这时,家长可以利用一个圆柱形的饼干桶,来讲解圆柱体的体积公式。

使用同化学习策略的关键在于寻找原有知识与新知识的相似关系,也叫可辨别性。

原有知识与新知识间的关系是制约同化学习的关键。辨别原有知识与新知识间的相似关系是同化学习的前提。世界上没有绝对相同的事物,但是事物间是有普遍联系的。有些事物间相似点多,如燕子和麻雀;有些事物间相似点少,如风和马。找到新知识与原有知识间相似点的能力以及养成寻找相似点的思维方式,也就掌握了同化学习策略的本质。

使用同化学习策略时,还要注意原来知识的可利用性。

我们来看看这道题:

买 1 支笔剩 8 角钱,买 2 支笔缺 6 角钱,问买 1 支笔需要多少钱。

在很多成年人看来,这道题非常容易,因为列一个方程就能解答出来。但若是让家长把这道题讲解给小学四年级学生时,很有可能出现他们觉得自己明明说得很清楚而孩子怎么都听不懂的情况。这是因为列方程并不是小学四年级学生具备的原有知识。因此，在辅导课业时，家长需要找出孩子大脑中可利用的原有知识，才能更好地指导孩子运用同化学习策略。

同化学习策略的本质是异中见同的能力和思维习惯的培养。

人的大脑有不断地将信息建立联系的习惯。大脑倾向于把接收到的杂乱无章的信息进行整理分类，创建一种秩序，在各个信息片段之间建立联系。这种能力就叫异中见同。这种能力需要在不束缚、不过分强化某一个观点的前提下，通过不断引导，自然获得。异中见同的思维习惯，也符合大脑的规律，因为大脑喜欢简单有序的信息。因此，家长应该不断引导孩子查找敏感信息间的联系，培养孩子异中见同的思维方式。拥有这种思维能力的孩子，能很容易从看似无关事物间发现联系，找出更好的解决问题的办法。

同化学习策略对知识结构的建构以及良好思维方式的形成有着重要的作用。掌握了同化学习策略，孩子就会看到知识与知识之间的内在联系，自己完成知识体系的建构。更重要的是，他们最后掌握的不仅仅是一个策略，而是一种思考问题的思维方式，并且可以在解决问题时运用这种思维方式达到高效学习的目标。

培养同化学习策略，第一，要知道什么是原有知识；

第二，要了解作为原有知识的条件；第三，寻找大脑中是否存在原有知识；第四，找到原有知识后如何同化新知识；第五，如何埋藏下原有知识。

原有知识，就是能够系住船只的锚桩。

原有知识要从孩子大脑里储存的信息中选取。

相信很多家长在辅导课业时都有过这种想法：这么简单的问题，孩子怎么就是不会？出现这种想法的根源是，家长没有找到或是没有试图去寻找孩子大脑里的原有知识，并使之与当前的新知识进行对接，以促进问题的解决，他们只是将自己的原有知识作为固定点。

学习中，一个新知识必须找到相似的原有知识才能获得同化。如果孩子无法从自己大脑中找到相似的原有知识，那么无论家长觉得问题多简单，自己讲解得多到位，孩子还是有可能无法理解。因此，家长应该引导孩子寻找他自己大脑中与当前问题情境相关的知识进行对接，以促进孩子对新知识的吸收。当大脑中的原有知识被调动，新知识就很容易被孩子所记忆，并留下清晰印象。

当需要给初二学生讲解数学概念"命题"与"逆命题"之间的关系时，你会选取下面两个例子中的哪一个呢？

如果命题是真命题，它的逆命题并非一定是真命题。例子如下。

例一：姥姥家五个孩子，两个女儿，三个儿子。每个孩子都是姥姥的子女，妈妈是姥姥的子女当然是真命题。但逆命题，姥姥的子女是妈妈，就不是真命题。

例二：我们班有54个同学，其中有一个叫王小强。王小强是我们班的同学，这是个真命题。但逆命题，我们班的同学是王小强，就不是真命题。

表面看起来，这两个例子没有什么差异。但很多孩子是独生子女，对于有多个子女的家庭情境并不熟悉，所以例一在他的大脑中不容易呈现。而例二贴近学习环境，每个学生都很熟悉，自然更容易理解。

旁人的方法或成功经验必须借用学习者大脑中的原有知识才能有效运用。

家长或老师常常会为孩子总结出非常精炼的规律，希望提高他们的学习效率。可事与愿违，就算听过无数遍，孩子仍可能无法运用这些精心总结的方法。这一点也会让家长和老师非常困惑。即便是能够努力按家长和老师传授的方法去学习的孩子，结果也并不乐观。

家长或老师总结出的具体学习方法，孩子要么不愿用，要么用不到对的地方，这到底是为什么呢？

其实很简单，大人们总结出的规律是利用大人大脑中的原有知识加工出的结果，并没有与孩子大脑中的原有知识建立连接。因此，孩子很难熟练运用。

大部分的成功经验，很大程度上是当事者利用自己大脑里的信息总结加工的结果，这个方法对于当事者肯定会有效。家长或老师经常关注自己的大脑中有什么，利用自身掌握的原有知识形成结论，而没有关注学生大脑中有什么信息，不能利用学生大脑中的原有知识信息促进学生自己形成结论。这样一来，尽管家长、老师总结了大量的规律、方法想让孩子记住，但由于缺少同化的过程，即使反复讲解、督促、提醒，这些知识仍然游离在孩子的知识体系以外，使之执行起来十分困难，孩子们记不住，也用不好。

因此，只有在总结经验、规律和方法时能够充分利用孩子大脑中的原有知识，并使其体验到方法的有效性，然后再纳入孩子的知识体系里，这些经验、规律和方法才能真正被运用。

同化学习策略主要是引导孩子运用大脑中的原有知识吸收新知识并形成思维方式的策略。培养同化学习策略重在改造思维。形成同化学习策略思维方式的孩子对知识与知识间的相互联系十分敏感。他们善于异中见同，在不同事物中找到相似处，将新旧知识更快地建立起联系。

我以前带过一个学生，能记忆 $a^2 + b^2 + 2ab = (a+b)^2$，

却做不出 $x^2 + y^2 + 2xy =$ （　　　）。就是因为他没有发现这两个式子间的相似之处。在我特意引导之后，他很快便理解了。

如果在每一个问题的解决过程中都能够让孩子对知识间的共性十分敏感，从而使之获得异中见同的思维加工策略，孩子的学习能力一定会得到快速的提高。当思维加工策略问题得以解决，孩子不仅能够解决当前的知识学习问题，还会对其未来的学习、生活产生巨大帮助。或者说，这种训练，不仅解决了单个表面现象问题，而且解决了一个内在的根本性问题。

一个人若是总能够把事物联系起来思考，那么大脑中的知识就不是孤立零散的，而是具有结构关系的整体知识，处理问题提取知识时就更为容易。解决一个新问题时，即便一开始没有想到解决办法，孩子仍可以借助知识间的线索快速地找到相应的知识。就像一个没有掌握梯形定义的孩子，如果引导他先画一个梯形，再通过这个图形来分析梯形的特点，从而总结出梯形的定义，那么这个孩子就会更容易掌握这个定义。就算某一天忘记了这个定义，他也可以通过这样的思维过程完成对这个定义的提取。而且，这个孩子不仅可以学习梯形的定义，同样还可以将这个思维过程迁移到其他定义的学习过程中。如果孩子经常能看到事物之间的相互联系，这将极大增加他的思维活跃度。

培养同化学习策略，关键是要培养异中见同的思维方式。首先，要通过反复训练来养成寻找表面上不同的事物间的相同之处；其次，一定要让孩子亲自经历异中见同的思考过程。

例如，指导学生写议论文时，老师直接把议论文的写法讲给学生听，学生往往并不能很好领会其中要义。因为老师讲解的内容，是老师以大量的阅读和实践为基础，通过异中见同的思考过程总结出的结论。与其直接将议论文的写法教给学生，不如引导学生去经历同样的思考过程。

我们可以换一种方式，先给学生看三篇议论文范文。学生阅读完毕后，老师再引导学生分析文章间的共同点。这种引导必须是循序渐进的：第一篇文章的第一段写的是什么，是怎样描述的；第二段又是怎么写的，第一段与第二段有什么关系；第三段的内容是什么，这三段与文章的主题有什么关系……如此再对第二篇文章进行分析，最后分析两篇文章在写法上的异同点。按照这样的方式，引导学生经历一个寻找文章相同点的思考过程。

通过这个过程，学生可以自己总结出议论文的写作方法，更重要的是，这个思考过程一旦成为一种稳定的思维方式后，在学习其他文体的写作时，学生仍然可以自己进行研究。如果将思考过程普遍运用在各个学科的学习上，学生自然而然能养成一个良好的同化思维方式。他将会通过自身的原有知识和良好的思维，创造出最适宜自己的学习策略。

学会了异中见同，也要学会同中见异。

异中见同是人类智慧的表现，人类众多科学的发明、发现，无论是鲁班发明锯，还是牛顿发现牛顿第一运动定律，抑或是阿基米德发现阿基米德原理，他们都是透过现象看到了事物之间的联系，找到了隐藏的共同规律。

异中见同固然重要，但同中见异也同样重要。如果做不到同中见异，就容易受思维定式的影响，仅能看到相同点，却看不到差异。虽然绝对相同的两个事物是没有的，但相似事物之间总还有很多微观的差别。

无论是异中见同，还是同中见异，都要研究相同、差异、相似这三者之间的关系。这三者可以组成一个等式：相似 = 相同 + 差异。任何两个事物之间其实都是在同中见异或异中见同中发展的。因此，要想做到不受某个思想的局限，就要跳出思维定式的影响。

培养顿悟思维

我曾经在网上看到过一个网友分享自己在数学学习方

面的经历。

那位网友在小学一二年级时有很严重的数学学习障碍。她甚至难以理解 1 + 1 为什么等于 2。直到有一天，她和妈妈上街，无意中看到街边叠放在一起的两个物品，才恍然大悟。原来加法就是两个数加在一起，如同两个物品叠加放置一样。自此之后，这位网友的数学领悟力获得了飞跃式提升。

在解决问题的过程中，个体思维遇到障碍而停滞，之后突然觉醒和理解问题且得到创新性认知的重构过程，在心理学上称之为顿悟。国外对此有一个有趣的说法叫"啊哈"效应。因为顿悟发生时，人们会在心里不自觉地发出两个感叹词"啊哈！"

每个人都会有脑海中灵光一闪的感受。这种时候，通常是各种杂乱无章、毫无交集的想法忽然之间产生了某种关联，再激发出了新想法的时刻。人们此时仿佛看到了什么前所未见的东西。当这种感觉产生时，人们其实是创建了一个新的心理图。想法越复杂，心理图就越错综复杂。尽管创建一个新的心理图时需要有能量才能把各个不相关的信息点连接起来，但创建时也会释放出一股能量。

领悟闪现的一瞬间会有各种各样的神经递质被释放出来，例如多巴胺、内啡肽或者肾上腺素。研究表明、在领悟闪现的一瞬间，大脑会发出强烈的伽马波。伽马波是唯一在大脑中所有部分都能发现的频率，而且观察发现，它往往在同时调用不同的大脑区域处理信息时出现。

因此，如果能够通过解决问题的过程，经常促进孩子产生顿悟思维，将对解决学生学习困难具有重要作用。

了解了顿悟的概念之后，我们来看看影响顿悟的因素。

孩子想要获得顿悟通常会受到四类因素的影响。

第一，情绪。当遇到暂时无法解决的难题时，孩子很容易出现焦虑情绪，这种情绪会影响孩子对问题的进一步探索。

第二，短时记忆中信息的呈现方式。当题目的表现形式孩子比较熟悉时，他更容易提取有效信息。

第三，信息可视化。养成规范的解题习惯，边读题边记录要点，可以减轻大脑负担，加快大脑处理信息的速度，同时节省短时记忆空间。这种操作有助于促进顿悟的出现。

第四，三类知识。陈述性知识的转化若出现障碍，会导致情绪出现波动。一旦出现情绪波动，就会占据一部分脑资源，从而导致信息加工出现障碍。若在解题时，不断地用策略性知识调节自己，可以提高解题效率，最终找出最优的解决方案。

衡量学习效果的关键是看能否成功解决问题，尤其是解决复杂问题和新问题。我通过大量的教学实践发现，促进学生自我产生顿悟是建立学科学习兴趣的关键，也是培养创造性解决问题能力的关键。

我辅导过的某重点高中学生小张，每天放学回家都能按照学校的要求去学习，态度很认真，也没有不良的嗜好，但成绩并不是很理想。小张父母告诉我，他们感觉小张在学习过程中缺乏兴趣。在和我的沟通中，小张认为自己没有偏科的现象，而且对每一科的感觉都是"还行、差不多，就那样……"。

在我看来，小张的表现证明了她的确在学习上没有兴趣，尽管她很认真地在学习。

于是，我开始和小张谈论起兴趣这个话题。交谈中，我发现小张似乎对身边的任何事物都表现出一种平常心，很少有情绪上的激动。我让她说说自己感兴趣的事情，她思考了将近一分钟，才有些犹豫地说："吃到好久好久没有品尝过的食物时最快乐。"

那些"好久好久没有品尝过的食物"，是小张期待已久的事物，也就是能够让她大脑兴奋的刺激点。品尝的过程是体验的过程，并且这种过程有成功的先例。因此，品尝食物过程中，小张会产生积极情绪，一方面是自己期待的目标实现了，另一方面是新异刺激带来了愉悦。

我们可以由此迁移到孩子的学习上。当一个学生期待解决一个问题，期待了好久好久后，终于有一天解决了，并且是自己真正地体验到了解决的过程。这时，这个学生便会从中获得快乐。

从脑科学的角度来说，顿悟过程是大脑内建立新连接的过程，而且这个过程伴随着全身能量的增加。这是建立最优化的大脑兴奋中心的宝贵机会，也是大脑高度可塑的关键时刻。此时，人若能迅速把动机变为行动，强化和稳定脑内脆弱的新连接，认真滋养并使其变成自己的一部分，就很容易建立起新习惯。

从顿悟引发的脑内变化可以看出，培养学习兴趣的关键是要培养学生在学习过程中产生顿悟。而在解决问题的过程中若能引导学生不断产生顿悟，才会给学生学习的过程带来持久的兴趣。

孩子自我顿悟的实现，与家长、老师全面科学的引导密不可分。辅导课业时，我们不要给孩子直接讲解问题的答案，而是要用恰当的语言去引导，推动孩子思考问题，形成自主思维，产生顿悟。这一过程其实就是通过引导孩子，让孩子利用大脑中的原有知识进行思考，而不是将成人自己的思维结果直接灌输给孩子。

但很多家长和老师由于担心孩子不能解决问题，或者看到孩子短时间内不能按照自己的期待解决问题时，就会替代其思考，把自己的思考结论讲给孩子。这恰恰是在替代孩子"品尝那个好食物"，孩子自己就不能体会到解决问题后真实的快乐，也无法实现自我突破。

很多学生由于经常直接记忆老师总结的结论，造成出现新题型时，缺乏探索能力，经常表现出被动学习、学习兴趣差、学习成绩不理想等现象。

前面提过的小张就是这类学生的典型代表。小张妈妈是老师，非常注重孩子记忆了什么知识，但缺乏对孩子自我思考能力的培养，经常帮助孩子总结知识点，然后让孩子死记硬背。当看到小张能够背诵自己为她总结的知识点时，小张妈妈就会感觉很踏实、放心。但是，小张妈妈又发现小张就算记住了自己为她总结的知识点，也不能灵活运用，一旦遇到没有练过的新题型时就很容易出错。小张妈妈一方面认为孩子不够聪明，另一方面又要想办法再进一步寻找新的题型，总结新的知识点。这种循环往复的"指导—学习"模式，让大人、孩子都觉得很累。

如今的考题类型层出不穷，很多孩子由于长期被他人替代思考，严重缺乏对信息的处理能力。很多家长和老师把思考的结果看得比思考的过程更重要，然而事实上，提高孩子面对一个复杂情境时总结分析的能力，往往比盲目记忆结论更有意义。

因此，总结好的结论本身并不重要，重要的是要教会孩子分析问题、解决问题、总结结论的过程。

希望每一位家长都不要用形式上的勤劳掩盖思维上的懒惰，导致孩子丧失产生自我顿悟的机会。

孩子三四岁时穿鞋的速度慢，因此，有的家长每次出门都要帮孩子穿鞋。这类孩子可能到了七八岁还不会自己穿鞋。若是从自己穿鞋很慢，到通过不断训练有了很大进步，孩子终究能成功地独立快速穿鞋。替代孩子穿鞋是件小事，似乎不会有什么严重后果。然而，这个行为背后最可怕的是，本应由孩子完成的思考过程被大人替代了。成人无休止的替代会造成孩子严重缺乏思维过程及顿悟感受。

小张无论是在生活中还是在学习中，都是一个被他人替代思考的人。所以，她的思维方式决定了她很少对信息进行深加工，造成知识结构的精细化程度不够。小张在学习行为上表现为听话、按照要求学习，甚至能够按照父母的要求来完成大量的练习题。但是，她很少会尝试突破那些有困难的问题。她花费大量的时间去解决自己能够解决的问题，虽然延长了学习时间，增加了学习任务，但是解决问题时很少有新的突破。小张很少执着深入地研究学习，因此很少体验到顿悟的快乐，这也是造成她缺乏学习兴趣的关键。

孩子自我产生顿悟之后，不仅可以获得积极情绪，还能使元认知策略得到培养。培养元认知策略，是我一直推崇的个人学习的终极目标。学习各类学科知识在每个人的成长过程中并不是最重要的一点，通过学习能够获得什么样的思维方式才是成长的重点。顿悟思维的形成与知识结构的完善，能够使孩子获得创新能力，真正从学习本身体验到快乐。这些才是教育孩子的关键所在。

3. 培养思维能力时的常见问题

过度关注学习结果，忽略学习过程

很多家长过度关注孩子的学习结果而忽略学习过程，导致孩子为了得高分，在小学低年级过度依赖机械记忆去学习知识。这类孩子的思维久而久之就易变得僵化。

其实，小学成绩并没有那么举足轻重。只要打好了基础，即便考试不能次次得"双百"也并不会影响未来的高考，更遑论影响人生。人的一生，本就是一个不断成长变化的过程。如今很多家长在乎孩子小学成绩的本质还是因为攀比，追求"好学生"光环和自己的面子。这类家长在炫耀的时候，殊不知自己已经亲手给孩子未来的学习堆上了大量的束缚。

我在第一章里提过的小学学霸小浩，小学三年级前每次考试都能得双百。因为小浩妈妈对他的要求非常高，只要考不到一百分，就会对他各种批评和指责。为了不被妈妈责骂，小浩不仅在课堂上认真听课，积极完成学校作业，还会听从妈妈的安排，完成课外练习或者上课外辅导班。小学阶段的课外练习册，基本都是和课内知识重复的内容。长期大量的重复性练习，导致小浩只是在记忆知识，而很少去思考当前学习的知识和已学知识之间的联系。因此，只要做过的题，小浩都能顺利作答；可只要题型稍作改变，他就会出现解题困难。而且，当被问及知识点之间的联系时，小浩也多半回答不出来。

进入初中阶段，知识信息量越来越大，一味依赖机械性记忆的小浩学习起来越来越吃力。小学阶段养成的错误思维方式，让小浩在学习过程中无法将各个知识点建立联系，导致各个知识在大脑中总是处于孤立、零散的状态。因此，小浩在做题时，很难准确提取记忆中的知识点，还常常会混淆相似的知识点。久而久之，小浩的成绩开始出现下滑。由于过往的成功学习经验都基于对知识的死记硬背，所以小浩提高学习成绩的首选手段自然是继续通过背诵去强化知识的记忆。如此一来，小浩的学习状态就陷入了恶性循环，思维也越来越僵化。小浩就是错误思维方式导致成绩下降的典型案例。

家长对孩子的情绪控制

除了执着成绩而忽略锻炼思维能力之外,家长对孩子的情绪控制也会影响孩子思维能力的培养。

家长对孩子强硬的控制,会诱发孩子的焦虑情绪。孩子在焦虑情绪的困扰下,很难进行逻辑思考,锻炼思维能力,大多数时候只是从遵循家长或老师情绪指示的角度去解决问题。

以前来参加五维学习培训的一个女孩,经常受到爸爸的批评,尤其是爸爸在辅导她学习时,经常呵斥她。女孩参加培训时,我仔细观察过她的学习状态。我发现她在思考问题时完全没有逻辑,对所有问题的回答都靠乱猜,而且做每道题时第一次给出的答案都是错的。这个女孩判断自己作答是否正确也是靠观察老师的表情。只要老师表情稍微有些波动,她就会不管三七二十一又给出一个新的答案。总之,女孩在解题时注意力从来都没有放在题目本身,全是在观察辅导老师的眼神、表情、语气。因此,即使她第一次给出的答案是正确的,但若是看到老师表情有异,也会迅速否定自己的答案重新作答。

起初，我以为这个女孩学习障碍的根源在于知识储备不够导致思维能力不足。通过观察和辅导中的互动，我确定她思维能力的问题主要受情绪的制约。女孩一直担心自己做错，所以总处于焦虑状态。这种焦虑状态会严重影响思维能力的锻炼。久而久之，女孩的思维能力发展不足，所有的思考都只依赖于对外界的情绪感受，导致思考问题时毫无逻辑可言。

其实，不单是孩子，有很多成年人在思考时也缺乏逻辑，仅凭感觉去考虑问题。

在一次家长课上，我们搞了一个问答活动，让家长充分体会解题过程中影响学习效果的各种因素。我们先说了一个故事，请家长听完故事后回答几个问题。

阿尔法、贝塔、伽马、欧米伽四个古希腊少女，正在接受成为预言家的训练。然而实际上，她们四个人当中未来只有一个人成了预言家，并在特尔菲特城谋得一个职位。其余三个人，一个当了职业舞蹈家，一个当了宫廷侍女，还有一个成了竖琴演奏家。

一天，四个人在练习预测未来时，对各自的将来都做了判断。阿尔法说："贝塔无论如何也成不了职业舞蹈家。"贝塔则说："伽马将成为特尔菲特城的预言家。"伽马预测道："欧米伽不会成为竖琴演奏家。"最后，欧米伽则预测她自己将嫁给一个叫阿特克赛克斯的男人。

事实上,她们四个人中只有一个人的预言是正确的。而正是这个预测准确的人,当了特尔菲特城的预言家。

请问,她们四个人最后的职业分别是什么?欧米伽和阿特克赛克斯结婚了吗?

所有参与活动的家长中,我印象最深刻的是一位先生。他阅读完题目之后,就想当然地给出了答案。记得他说的一句最经典的话就是:"既然欧米伽预测她自己将嫁给一个叫阿特克赛克斯的男人,那就一定是真的,哪有人会拿自己嫁给谁开玩笑呢?"他完全是从人情世故的角度来推测这道题的答案,没有把全局信息进行整合分析。听他说完自己的理由之后,我发现他对于题目的思考丢掉了背景信息和相关逻辑关系,完全是凭感觉,没有任何逻辑性。

后来,我在和这位先生的妻子聊天中得知,这位先生当年参加中考时因为过于紧张而发挥失常,最终没能继续深造。早期发展的不如意及后来的人生经历,导致这位先生越来越依赖自己内心的感受去思考和解决问题。他的思维习惯造成他思考时缺乏逻辑性。

无论是成人还是孩子,只要解决问题时缺乏系统逻辑思考,都容易受情绪干扰。因此,当发现孩子思考问题时容易受情绪干扰，家长或老师应慢慢引导孩子放下对结果的担忧，让孩子将注意力集中在观察信息与信息间的内在关系上，以此促进孩子形成逻辑思维，提高思维能力。

家长对孩子替代过度

家长对孩子替代过度也是妨碍孩子思维能力发展的重要因素。

被家长替代、安排、指挥的孩子，因为很少能够有独立实践的机会，所以严重缺乏解决问题的程序性知识，甚至连最基本的生活经验都没有掌握，难以自我形成有效的策略性知识，最终在解决问题时只能生搬硬套。而这类孩子往往容易养成眼高手低的毛病。

程序性知识和策略性知识都要通过实践来获得。只有不断尝试、重复解决问题，学习者才能不断对内调整、对外实施策略。这个过程也是在不断进行自我沟通、发展思维能力的过程。

就像学习玩扑克牌，只有反复去玩，才能运用好打牌的程序。当掌握了打牌的规则时，在实际操作中的每一步思考，都是在和自己对话。这个和自己对话的过程就是在提升自身的策略性知识。这个自我对话的过程越多，孩子的思维就会变得越严谨，考虑问题也能越全面、越系统。

因此，家长从早期家庭教育开始，就要放手让孩子多多独立解决问题。尽管孩子处理事情时没有大人处理得完美，但是他们能从这些不完美中锻炼、发展思维能力。当思维能力得到有效培养时，孩子必然能够有长足的进步和成长。

第六章
完善自我管理系统

自我管理是人一生发展的内驱力。

自我管理也是对五维高效学习系统中的行为习惯、情绪状态、知识结构及思维方式进行的反思和调节，使系统中的每一个变量都得到和谐发展。

自我管理的发展，在早期教育阶段很容易被家长忽视。因为这个因素在早期的学习过程中很难体现出对学习成绩的帮助。恰恰相反，那些由父母管理得很好的孩子，在早期教育中更容易显得优秀。例如，家长让孩子在早期参加大量辅导班，而该阶段的知识比较简单，孩子可以单纯依靠不断重复和延长学习时间获得好成绩；好的成绩反过来又进一步强化了这种学习方式。因此，父母很难看到孩子自我管理的作用，只会看到完成大量学习任务带来的效果。

然而，一个具有良好自我管理能力的人，才可以不断觉察和调节自我，尤其是在冲突出现时，能够借助冲突实现自我成长和自我完善。

1. 为什么要完善自我管理系统

善于自我管理的人不会把矛盾盲目指向自我,进行自我否定;也不会把矛盾盲目指向他人,抱怨境遇不佳。他们更多的会跳出冲突本身,不断对矛盾双方进行系统的反思,改变系统中自我可以掌控的变量。

任何一个优秀的人都不是天生就很成功,而是在不断解决问题中来完善自我,实现成长。这个过程中,学习者会对自己的每一个行为都带着积极情绪去完成。即便失败,他们也很少会被消极情绪所控制,而会在失败中吸取教训。优秀的人,能够提前预判一件事情未来可能发生的结果。擅长自我管理的他们,又能欣然接受所有的结果,并从中找到可以调节和改变的变量,以提高获得最好结果的概率。

善于自我管理的孩子能够终身成长

我刚毕业时,在老家镇上的中学教书。当时有一个学生,问过一个让我觉得特别有价值的问题。他问我:"为什么在前一个月学习语文过程中运用的方法，下一个月仍然沿用时却看不到更多的进步呢？"

从他的问题可以看出，这个孩子会在考试后对照自己的学习成绩进行反思，而且反思方向更多的是对学习策略的思考。这个反思的层次比较高。如果用心理学概念来判断，这个学生的元认知策略一定发展得很好。

这个学生就是我在第一章提到过的，后来考上北京航空航天大学的那个孩子。还记得有一次家长会上，我让他父亲介绍一下孩子在家里学习的情况。他父亲说，为了避免家人对他学习的打扰，就算在东北的严冬，他都主动躲到没有取暖设施的小屋里学习。整个求学阶段，他完全不用父母操心。

这个孩子大学毕业后考上了研究生，如今已经留在北京成家立业。我在和他的交谈中能够感受到，即使已经三十多岁了，他仍没有安于现状，而是还在不断学习、不断成长。

善于自我管理的孩子懂得自我规划并敢于实践

这些年来，我和我的团队辅导过大量的学生。在辅导中，我们发现，所有善于自我管理的孩子都具有自我规划、敢于实践的能力。他们不但清楚自己的目标，而且还能够有计划地去实现目标。在实现目标的过程中，这些孩子会为之努力，不断总结经验教训。

我在前文提过的晓光，就是一个自我管理能力很强的孩子。每天放学回家，她都会很有计划地自己完成作业，很少需要家人操心。升入初中后，晓光对未来就有了自己明确的目标。为了实现自己的目标，晓光并没有只停留在口头上，而是每天都朝着自己的目标踏踏实实地努力。

每天除了完成作业之外，晓光都会积极投入到薄弱学科的学习中，而且能够把握好薄弱学科与优势学科间的平衡。在给薄弱学科尽量多分配学习时间的同时，也兼顾优势学科的学习。

努力的过程中，晓光自然会遇到到困难。例如，每天需要按计划坚持做模拟测试，这个测试的过程需要限定时间；自己模拟标准化的测试，并且要给自己打分，这个过程需要有面对自己的勇气。尤其是经过了一番努力，自认为可以获得较好成绩时，分数却没达到预期。遇到这种情况，每个人都会有心理落差。有些人会因为没办法面对落差而选择逃避自我检测。晓光则没有，她会正视自己的问题，严谨地进行自我检测，然后根据检测中出现的问题，不断调整学习策略。

晓光不仅在求学期间能科学地管理自己的学习时间、

学习目标、学习过程、学习内容，在研究生毕业后对自己事业的规划同样令人佩服。在年薪50万元的大公司工作了五年后，晓光开始创业。创业过程中，她也对自己进行了科学高效的规划。晓光创业三年时，我借着出差机会和她见了一面，得知她的小公司已经获得了一笔700万元的融资。

晓光还告诉我，她先生原以为她创业就是想自己玩一玩，却没想到玩得还不错。尽管是句玩笑话，但以我对晓光的了解，她既然决定了创业，就不会只是玩一玩。因为晓光是做任何事都会认真制订计划的人。一旦定了目标和计划，晓光就会严格执行。在执行过程中，无论遇到什么问题，晓光都会怀着积极情绪进行反思和总结。所以，晓光才能每一天都在进步。

善于自我管理的孩子会借助每一份经历来成长

成长过程中，每一份经历都是孩子成长的养料。很多家长总是希望孩子在成长过程中能够事事成功，甚至还有家长认为孩子只有成功才能建立自信。因此，很多家长经常会创造一些条件来促成孩子的成功。例如，学习上努力给孩子提前补课，在校外找名师给孩子辅导，等等。在家长的帮助下，很多孩子的确考出了好成绩，可他们未见得就拥有了自信。

几年前,我听同行提到一个培训学校校长的女儿。那个孩子参加过省电视台比赛,拿过大奖,也获得过很多的荣誉,但进入高中后突然没了自信,无法面对学校的竞争。获得过成功却没有自信的孩子,往往是因为他们清楚自己的成功并非是自己努力的结果。一个人若是不能够独立完成一件事情,即使依赖他人获得了成功,内心仍旧不会认可自己。因此,他们更害怕失败,内心反而会自卑。

相反,那些总是独立解决问题,独立面对生活中困难的孩子,即使没有获得较多的鲜花、掌声或光环,他们仍然会从内心深处散发出一种自信。这些孩子,最大的优势就是善于管理自己。他们关注自己在每一次解决问题过程中获得的成长,而非仅仅关注事情的结果。他们更愿意关注经历的过程,并借助每一份经历来实现进步。

艳艳是一名大二学生,我曾经给他们班上过一学期关于五维高效学习系统的课。通过课程学习,艳艳发现了当初影响自己学习的症结,于是找到我,希能暑期时能到我们的特训营里做助教进行学习。在做助教期间,艳艳做事非常积极主动。为了让参加特训班的孩子在饮食上改善口味,艳艳可以顶着中午的烈日到酒店外面的超市购买食品;每天点菜时,她还会结合上一餐大家使用的情况进行调整;

甚至她还主动提出要把特训班每一个学生的表现做一个记录。艳艳主动做了很多附加工作，做得多自然出错也多。艳艳却没有因为做错而沮丧，反倒会迅速找出原因、总结经验。由此可见，艳艳并不惧怕失败，即便遭遇失败，也不会沉溺于负面情绪中，而是更多地去关注如何才能更好地完成任务。

通过特训营的共事，我清楚看到了艳艳的自我管理、自我规划能力，也看到了一个善于自我管理的孩子在面对问题时的积极心态。艳艳不单单关注问题的解决，更关注自己在解决问题过程中获得的成长。可以说，艳艳在抓住一切机会推动自我成长。

缺乏自我管理能力的孩子一生都很难独立

家庭教育中的过分保护和替代，会直接影响和制约学生自我管理的发展。因为，过分的保护和替代也是一种剥夺。

家长为了实现自己的愿望，完全包办孩子的学习安排，会导致孩子缺少对自身问题思考的习惯，同时也很少会去承担自身行为的结果。而这类家长，在孩子出现失败时，多半只会批评指责。这让孩子更想要去逃避责任。

小东，性格内向的初三学生。他不善于表达自己，与人交往时大多会压抑自己的想法，逆来顺受。大家讨论问题时咨询他的看法，小东的回答基本都是"不知道""差不多""还行吧"。

小东养成这样的性格，大部分是他妈妈的原因。小东妈妈性格强势，对小东管教严格，很少过问他的想法和感受，替他安排了大部分的事情。小的时候，小东妈妈忙于工作，没有时间照顾他，没能对他的早期知识进行储备。

因此，小东上学后，因为原有知识储备少，上课听不懂就睡觉或是跟同学讲话。放学回家后，小东也要在妈妈的督促下，才会不情不愿地开始学习。

16岁的小美，跟小东一样，有一个非常严厉的妈妈。小美妈妈从小对她的管教就特别严厉，什么事都是妈妈做主。小美曾经学习过书法、舞蹈和素描，但最后都被妈妈以"怕耽误学习"为由强行取消了。

小美妈妈还特别主观，一旦觉得小美做错了，就会当着很多人的面都会扇她耳光。有一次，小美在上书法课，一旁的妈妈因不同的理由时不时就用手打她。后来在辅导中提及此事，小美还跟我说，从那一次开始，她就特别害怕上书法课，上课之前双腿会发抖。

妈妈的过分严厉和主观导致小美从小时候起就缺乏自信，希望得到关注。随着年龄增长，小美开始有自我意识后，表现出来的就是叛逆。

原来做错事时，小美曾主动向妈妈承认自己的缺点和错误，但每次都会受到妈妈严厉的批评和打骂。久而久之，小美再犯错时就开始找借口和理由欺骗家长，不愿承认和面对错误。

无论是时间管理，还是学习过程中的资源调配、各个学科之间的平衡等问题，都是孩子是否能够良性发展学习系统的关键。如果在早期家庭教育中不断地接受父母的安排与指挥，孩子大都缺乏自我管理能力。这样的孩子在解决问题时，很少能对问题和自身的局限性进行反思，更多的是把自身的问题归因于外界。

孩子作为一个独立个体，需要有自己独立的空间。在家庭教育中，家长如果能做到宏观把握、微观不介入，孩子就会学会自己承担自己行为的结果，才能形成自我管理能力。

璇璇妈妈是单位领导，控制欲望极强，一个人带大了璇璇。璇璇参加我们开设的特训营的前一天晚上，璇璇妈妈就给我打来了电话，希望我在璇璇入营后能安排他每天晚上独立学习到 12 点。为了保证整个特训营的统一管理，我婉拒了璇璇妈妈的请求。

璇璇妈妈之所以会提出这个请求，是因为担心特训营的作息安排和学校的不一致会导致璇璇无法自我调整。这么一件小事，就可以看出璇璇妈妈为孩子的学习考虑得过于周到。这样的妈妈必然会在学习生活中处处替代和指挥孩子。这么一来，孩子根本无从建立自我管理系统。这一点，在特训期间璇璇的表现中得到了验证。

璇璇的学习效率的确很高。但一旦完成任务后，缺乏自我管理能力的他就不知道自己接下来该干些什么。一次测试时，璇璇很快做完测试卷，然后问老师："我做完了，还要做什么？"作为一名即将升上高三的孩子，璇璇显然没有对自己学习进行规划和思考。

璇璇不仅在学习上自我管理能力不足，生活中也同样如此。入营后和同学们相处，璇璇常常抱怨同学对自己的影响，希望老师帮助解决。例如，同桌上课会打扰他，周围同学总在讲话也会影响他。璇璇总希望老师帮他营造一个理想的学习环境。因为他自我调节能力较差，不能应对周围环境的变化，所以总是期待老师替他去解决问题。

璇璇严重缺乏自我解决问题的能力，而且一旦有了心理上的冲突，就很长时间没有办法放下。例如，他在课下常常会因为自己放不下同学之间关系的不如意而产生焦虑。显然，璇璇不仅缺乏与他人沟通的能力，而且也严重缺乏自我沟通的能力。

特训营结束之前，我们组织去爬山。下山时，璇璇很想去一处泉水打水喝，但又担心大家不等他，于是快步跑去找泉水井，跑得满头大汗。整个过程，璇璇完全没有和任何人沟通。直到他回来时，大家才发现他累得气喘吁吁。不难看出，璇璇做事时有自己的想法，也愿意去行动，但在集体活动时，不能把自己的想法与旁人沟通，无法协调自己和他人的关系。

很多时候，璇璇也非常想独立去做一件事，可总担心自己做不好，所以常常纠结犹豫。即便他听进去了老师的建议，也不敢去执行。但有些时候，璇璇又会不计后果地做出一些让大家出乎意料的冲动事。特训营闭营的前一天，我们爬完山之后，到酒店吃晚餐。路过超市时，璇璇和同学一起进去逛了逛，竟然买了一瓶罐装啤酒。

尽管一瓶罐装啤酒不至于让他喝醉，但作为学生不能喝酒是一个众所周知的规则。可参加特训营的所有男生中，只有璇璇犯了规。

经过特训营的相处，我知道璇璇不是不遵守规则，而是无意识行为。缺乏自我管理能力，让璇璇的很多行为不像一个高三学生而更像一个小学生，也让他在生活中和学习上不断碰壁。遇到冲突时，周围人给他的评价又会在无形中增加他的负担。

这种情况，如果家长能够放下担忧，鼓励孩子多多尝试，相信孩子的自我管理能力还是可以得到恢复和提高的。但是，孩子暴露出自我管理能力不佳时多数已处于高中阶段，面对着升学的压力，家长很难不去控制、指挥孩子。因为，家长会觉得，比起高考成绩，孩子自我管理能力的培养显得没那么重要。为了弥补孩子自我规划的缺陷，家长会不断介入孩子的生活和学习。这样一来，像璇璇这样的孩子，就更难建立起自我管理系统。

　　社会上很多三四十岁还在啃老的成年人，其实都是因为成长过程中没能进行自我管理能力的培养。他们的父母过于在乎孩子的得失成败，在很多事情上都会指挥和替代孩子，导致孩子严重缺乏自我管理能力，不能为自己的行为承担责任。仔细想想，与其说是孩子主动啃老，不如说是父母不愿意放手，导致孩子只能啃老。

　　我叔叔的独生子，我的堂弟，已经四十多岁了，却终日游手好闲。小时候，我父亲为了让我们姊妹三个以后能考上大学，每天都会盯着我们读书。叔叔经常劝我父亲，让他不要太较真，念不念书不重要，在农村怎么还混不到口饭吃。叔叔是这么说的，也是这么教育自己的独生儿子的。

　　叔叔从不要求堂弟认真读书，也不要求他帮家里干活。

堂弟成年后，婶婶又张罗着给他娶了个漂亮媳妇。按常理，既然堂弟都结婚了，就应该肩负起养家的责任，照顾妻子，赡养父母。可叔叔家却反过来，一把年纪的叔叔和婶婶四处赚钱养家，年纪轻轻的堂弟和堂弟媳反而天天打麻将。这种情况到堂弟生了孩子之后都没有改变。

堂弟二十出头时，我父亲就向叔叔建议过，让堂弟去学车，以后可以跑运输。叔叔担心不安全，没同意。后来，叔叔想让堂弟去学木工，堂弟又嫌弃木匠手艺太传统，不够体面。一晃十几年过去了，堂弟到了不惑之年还是身无长技。

小时候，婶婶经常在我母亲面前炫耀堂弟很听自己的话。如今，这个听话的儿子俨然成了婶婶一生的负担。有时我会想，看着堂弟如今的样子，叔叔婶婶会不会有些后悔？他们百年之后，堂弟又该怎么办？

2. 完善自我管理系统的方法

让反思成为习惯

　　培养自我管理的重要方法，一是家长从小就要鼓励孩子去规划自己的时间和任务；二是每一天都要引导孩子反思自己做过的事情，让孩子养成反思的习惯。

　　想要让孩子养成反思的习惯，家长必须让孩子拥有足够的安全感。当孩子失败时，家长不能过多责备孩子。遭遇失败时，孩子本来就很难过，若是家长再指责不休，孩子就会产生抵触心理。以后再遭遇失败时，孩子首先想到的不是怎么解决问题，而是如何逃避责任以摆脱父母的责难。

　　只有家长能够坦然面对孩子的失败，才有力量陪着孩子一起接纳失败和挫折，才能鼓励孩子去反思自己的错误。只要孩子开始对自己做过的事情进行反思时，家长就应该给予积极鼓励。刚开始，孩子肯定不能准确和系统地进行反思。但是，只要孩子具有反思的意识，就是自我管理能力在发展的好趋势。

儿子五岁时，我带着他一起去超市。我把儿子寄放在超市附带的游乐场玩耍，自己去超市里购物。买完东西出来后，我刚进游乐场就听到儿子的哭声。我快步走了过去，发现儿子和其中一个小朋友打了起来。看到儿子和小朋友打架，我赶紧把儿子抱了出来，先询问了原因，然后又批评他。后来，在回家的路上，儿子一边哭一边指责我："你不是好妈妈，人家妈妈能批评别人家的孩子，你就知道批评我。我打别人你让我道歉，别人打了我你却说没关系。你根本就不是好妈妈，一点都不心疼我。"

听了儿子这番话，我觉得他说的也有一些道理。我认真反思了自己的行为，我的确比较在乎在外人面前的形象，顾及面子，拉不下脸批评别人的孩子。其实两个孩子发生冲突，正确的做法应该是要么一起批评，要么都不批评，等孩子自己解决问题。而好面子的我，似乎的确总是让儿子做出让步。

我想明白这点后，立刻给儿子道歉。我诚恳地对儿子说："这次的确是妈妈做得不对，妈妈以后不再乱批评你。"听了这句话，儿子很开心，破涕为笑道："妈妈，其实我也有错，我在海洋球里也使劲踢他了。"听了这句话，我突然发现，只要我能够接纳孩子的行为，孩子必然也会对自己的行为做出反思。

经历那次事情后,无论儿子遇到什么问题时,我都会尽量坦然接受他错误行为带来的结果。如前文提过的考试考砸、不认真做作业、被老师批评等。儿子的每一次失败,我都欣然接受。而我的态度也减少了儿子在犯错时无谓的心理负担,反而让他更乐于自我反省。

儿子上小学四年级时,我们家里来了客人,是我之前带过的学生。以前这些学生都在我工作忙时陪伴过儿子,和儿子成了好朋友。儿子看到小哥哥来家里做客,开心得忘了写作业。直到客人们离开,他才想起来还要写作业,但是又不想牺牲睡觉时间,就打算第二天早起再写。谁知道,第二天早上,儿子没能早起,自然也没做完作业。到了学校后,儿子还抱着侥幸心理,认为老师不一定会检查作业。然而放学前,老师还是进行了作业检查。没有做完作业的儿子不得不留校补作业,还被老师严厉地批评了一通。儿子回家后,自己反省了一番,对我说,他再也不会抱着侥幸心理,以后肯定会先完成作业再做其他事情。

每个孩子在成长中都不可能一帆风顺。失败并不可怕,只要孩子在遇到问题时能够及时反思就能获得成长。就像在我儿子的成长过程中,无论他是成功还是失败,我和先生都会陪着他一起反思事情中哪些因素可以改变,哪些因素可以做得更好。并且，无论儿子反思得是否彻底，我们都会欣然接受，很少去评价对错，只会鼓励他要想办法去试一试，通过实践来检验自己的想法是否正确。因此，我经常会听到儿子说："妈妈，其实我之前那样学习是有问题的；妈妈，我以为我这样做是对的，结果不是我想的那样；妈妈，我应该再努力些，这次地理、生物的考试，生物能考满分是因为我反复看了几次提纲，但我觉得我学得还不错的地理，却因为没看提纲，反而没能考满分；你看，政治和历史，我反复背了几次提纲，就考了 100 分，所以，我还是应该多用些功夫。"

总之，我们从不过多评价孩子的成败，而是更多地去鼓励孩子要勇于承担结果，鼓励他经常想一想今天做得怎么样。儿子在潜移默化中就养成了自我反思的思维习惯。

在给学生进行辅导时，为了帮助他们养成自我管理的习惯，我会在每天的培训中都留出一部分时间供学生反思。

我们会在解题过程中，提醒学生反思自己的思维过程，如"这道题你当时是怎么想的？你是哪个地方想到一半卡住了？你觉得没做出来是情绪影响了你，还是知识点不会，还是想不出来？"我们还会鼓励学生每天晚上在课程结束后独立写下自己对一天学习的反思。我们不去评价哪个学生写得好或哪个学生写得差，只会挑选一些能够深入思考自身存在问题的内容给大家读一读。但为了给学生足够的安全感，我们的老师从不会暴露选读内容是哪个学生写的。这样一来，学生不需要与其他同学盲目攀比，能更真实地面对自己。

每一期特训营结束后，参加特训的孩子都会留下一本反思簿。反思薄里每一份反思都是学生内心深处发出的声音。他们表达的所有内容都是供自己思考，而并非为了给他人观看和评价。这些孩子在不知不觉中养成了反思的思维习惯。很多家长也给我们反馈，孩子回去后依旧保留着每日反思的习惯。

家长在孩子的成长过程中充分接纳孩子的各种表现，鼓励孩子不断反思自己的行为，接纳孩子在反思中表现出的所有想法，就能促使孩子自发地不断反思自我。一个能够不断反思自我的孩子，必然可以不断自我成长和自我进步。

跳出细节，纵览全局

除了自我反思之外，跳出细节，纵观全局，也是自我管理中的重要能力。如果想培养孩子这样的能力，家长必须首先具有跳出细节，纵观全局的习惯。

在跳出细节，纵观全局的过程中，家长需要面对的最大考验是能否跳出情绪对自己的制约。与孩子发生冲突时，家长能否跳出事情本身，看到孩子和自己在事件中的位置和相应反应，决定了自己是否能够跳出细节，纵观全局。这个过程中，家长还需要注意的一个要点是，及时觉察到自己在事件中的状态、表现及情绪波动。

儿子小时候，有一次我出差，返程时因为没买到回鞍山的车票，只得先到沈阳，等先生从鞍山开车过来接。先生带着儿子下午5点从鞍山出发，到沈阳火车站接我。我们一家回到家时，已是晚上9点半了。

先生是一个很讲原则的人，尤其是在孩子的教育方面。而我长期工作繁忙，内心对儿子一直怀有一定的内疚感，觉得没能好好照顾他，所以大多数情况下我都会满足他的要求。因此，儿子常常会瞅着机会在我面前提要求，有意无意地打破平时建立的规矩。

错过了看电视时间的儿子，一进门就开始闹情绪。他不停地抱怨："就怨你，为什么不买到鞍山的票，害我一晚上什么也没干。"

当时的我，已经坐了7个小时的车，整个人都疲惫不堪。儿子抱怨了10分钟后，我的情绪开始出现了波动，不停地思考是同意儿子看电视好让他停止抱怨，还是批评他让他彻底打消看电视的念头。

我发现自己在纠结时，便意识到自己开始焦虑了。我心里很明白，我最应该做的是用平静的心态面对儿子的情绪，这样才能让他放下打破规则的欲望，而前面两种想法只不过是为了缓解自身疲惫引发的情绪。

此时，儿子已经开始哭出声。我不停地深呼吸，调节自己的情绪。过了会，儿子开始跑到我面前哭诉。我的情绪也濒临崩溃边缘，只得在心里不断地告诉自己要坚持住。儿子一计不成又生一计，抱怨得更厉害。就在我快招架不住时，先生出现了，儿子"闹事"以失败告终。

被先生斥责之后，儿子回到了自己房间，再也没发出声响。耳根终于清静了的我，却陷入了反思中。我发现儿子会出现这种情况还是源自我错误的情绪控制方法。每次儿子闹情绪时，我为了缓解自己的焦虑，要么放弃原则答应儿子的要求，要么直接批评导致孩子闹得更厉害。

经过反思后，我的焦虑缓解了很多。但我相信儿子的情绪问题肯定没有得到解决，明天必须要跟他好好谈谈。

第二天早上醒来，我就听见儿子在客厅里发出响动。按照平日的习惯，儿子起床后总会跑到我们房间和我们聊聊天。今天起了床却没过来，估计就是心里还憋着气。

老公把儿子喊了进来。我一看儿子的神色，就知道他心里还有气。我让儿子坐到我身边，问他为什么不高兴。

儿子噘着嘴巴说:"昨晚浪费了我时间,我爸还'打'我。"

我对他笑了笑,才开口说:"儿子,妈妈知道你为什么闹情绪,你是想通过闹情绪获得看电视的机会。因为你知道自己闹情绪时,妈妈忍不住了就会妥协,这样你就有机会了!昨晚你就是看出我快招架不住了,才越闹越凶。只是没想到,半路杀出了个程咬金——你爸。"

我话音刚落,儿子就破涕为笑,一脸心事被说穿的不好意思。我知道儿子已经明白我的意思,为了缓解尴尬,就开了个小小玩笑说:"老公你看,我们儿子很有表演的天赋呀,想哭就哭,想笑就笑。"

如果我不能自我反思、纵观全局,而是一味地揪着儿子乱发脾气不放,不仅不会让儿子认识到自己的错误,还会在以后的矛盾中继续用错误的情绪控制方式来解决问题。

2017年的暑假特训营,发生了几件令我们整个团队都有所成长的事情。

我挑选了几位曾经的学员,作为助教老师参与到辅导工作中。这几位助教老师都曾为了从事教学工作而系统学习过五维学习法。

其中有一位李老师是高中地理老师。有一天,他负责在课上给学生讲解何谓马虎。讲课过程中,李老师运用地理教学的例子来讲解马虎。讲着讲着,李老师不知不觉开始讲起了自己的主业地理。越讲越兴奋的李老师丝毫没有注意自己已经偏离主题。尽管同学们已经开始小声嘀咕、交头接耳，但李老师仍旧没有觉察到。有个同学忍不住站起来提醒李老师，李老师让孩子坐下后，竟然还在继续。现场其他老师本来就有些担心越讲越偏的李老师回不到主题上。看到这个情况，有个助教老师只得走出门外，过了一阵后敲门喊李老师出去接电话，混乱的一节课才总算结束了。

下课后，助教团队开了个会，大家给了李老师一个客观真实的课堂反馈。在团队的帮助下，李老师认识到自己由于大脑过度兴奋而丧失了对现场情况的觉察。

李老师在第二天的课上，把自己昨天的课堂表现作为例子向学生们剖析马虎的本质。他生动的讲解，让同学们不仅深刻理解了马虎，还让大家明白如何跳出细节看到问题的全局。在李老师的带动下，很多学生都能够坦然面对自己在学习过程中暴露的问题，而且学会了跳出失败带来的情绪问题，看清自己导致失败的思维过程，并积极做出改变。

除了"课堂事件"外，这次暑期特训营还发生了一次"落水事件"。每次特训营，我们都会安排一次游泳活动。这次活动中，有位助教老师和学生开玩笑，一不留神就把学生推下了泳池。当时在场的学生和老师都觉得只是个游戏，并没有放在心上。大家不知道落水的同学不会游泳，在落水之后产生了强烈的恐惧感。但是，那位同学没有立刻向大家说出自己的感受。晚上睡觉时，他不断地回忆起落水后的恐惧感，一晚上都没睡踏实。第二天中午的反思时间，落水的同学才把自己的感受写在了反思薄上。这时，他的负责老师才知道他在落水后的心理过程。"落水事件"给那个孩子最大的感受是在水下的无助感，尤其是他没看到有人去救他。这让他觉得没有人值得信赖。

知道了这个孩子的所有心理过程后，我们鼓励他向大家表达出自己的感受，并让所有当天晚上在游泳池里看到他落水情景的同学也说说自己当时的想法。有的同学说，以为是那位同学自己跳下去的；有的同学觉得他是在自己练憋气；也有的同学替他担心，但看到他后来抱着游泳圈漂在水面，就以为没有什么问题。

每个人都说完之后，落水的同学自己也发现：现场所有人面对统一的情景似乎反应完全不同。于是，大家都开始站在别人的角度来看待事件。落水的同学一下子跳出了自己最初对大家的误解。当跳出细节，看到全局中每个人的不同感受时，落水同学立刻放下自己原来的想法，积极调整了自己。

"课堂事件""落水事件"本来都是工作中出现的问题,好在我们整个团队都没有纠结细节,而是纵观全局进行反思。这么一来,问题反而成了团队成长的契机。

终身成长,终身完善

想要培养孩子的自我管理能力,就要培养孩子从问题中发现成长的契机,带着终身成长、终身完善的思想面对生活和学习中的各种问题。

最近,儿子每天都到家附近大学的体育场和小伙伴踢足球。踢足球时,儿子最喜欢守门员这个位置,因为他认为这个位置不容易变成替补。而且他发现,在踢球时很多人都喜欢射门。所以为了不和小伙伴抢球踢,他更喜欢练习守门技术。

有一天,儿子突然跟我说自己的手在守门时撞伤了,所以决定最近几天都不去踢球了。过了几天后,我发现儿子的手基本没问题了,可他仍然不去踢球,我就知道他应该是遇到什么困难了。果不出我所料,儿子很快就找我聊天了。一开始,儿子只是跟我聊他们几个一起踢球的同学,然后着重讲了他们班上在学校校队踢球但学习成绩不太好的同学。儿子跟我说了那个男生的很多事情,例如,和大学里的俄罗斯女留学生用中英混合聊天,喜欢在他面前吹牛，等等。说到最后，儿子开始讲那个男生在学校如何抹黑他。那个男生总说儿子技术水平太差，还说在年级比赛中他们班没拿到第1名都赖守门员技术不行。

听儿子说到这里，我能看出儿子很伤心。尽管儿子表示并不在乎那个同学怎么说自己，但是还是很讨厌他总说。我一直静静地听儿子倾诉，没有发表评论。后来，儿子表示自己不愿意和同学闹僵，也不想用难听的话回应同学，就只能忍耐，所以这几天不想再去踢球了。

听完了儿子的倾诉，我感觉他已经长大了，不再觉得争得语言上的上风有多么重要，能够忍受同学的冷言冷语。但也可以看出，他现在处理这种事时还是只会以逃避为主。后来，先生走过来，对儿子说："你光能忍不是本事，你要是能做到真的不生气又能和他们友好相处，那才是真的进步了。"听了先生的话，儿子沉默了一会儿才说："我还是做不到爸爸你说的那个境界，我也不知道什么时候能够达到那个境界。"先生说："你同学那类人，无论什么时候，你都有可能遇到。你若是能看清他们的心理需求，又不被他们左右而坚持自己的想法时，就可以跟他们和平相处又不会觉得憋屈了。"儿子似乎有些明白了先生的意思，自言自语道："我还需要继续努力，才能达到这个境界。"

看到儿子开始积极思考和面对自己遇到的问题时，我鼓励道:"没关系,慢慢来,妈妈现在也在向这个境界靠近,我们一起来。"儿子笑着说:"看来妈妈也还没完全做到啊!"

成长是一生的事,我们每个人都要在解决问题的过程中不断地认识自我,才能做到终身成长,终身完善。

最近刚刚结束了一个高中特训营,参训的 16 个孩子真是各有特色。有的因为小学阶段过度学习导致中学厌学、高中弃学,在瞌睡中度过每一堂课;有的在充满矛盾的家庭中长大,性格极其敏感,非常在意老师和同学的情绪,总是做一些出格行为吸引周围人的注意,无法将精力投入学习;有的尽管能够在学习中投入精力,但功利心很强,无法专注问题的解决;有的看起来很聪明,但是不能科学高效地解决问题。整个特训营期间,这 16 个孩子的所有问题都是提升我接纳能力的契机。

从教二十多年,每一年我都要面对很多孩子的问题,而且大多数问题都是家长无法解决、无法调节的。很多人觉得我们团队太具有忍耐力,才能面对如此麻烦的工作。事实上,促进我们工作的并非是我们的忍耐力,而是我们对待这些棘手问题的态度。我们始终认为,这一切都是促使我们成长和完善的载体。我们也在培训中将这个态度传达给学生,学生们也开始抱着这种态度重新看待自己遇到的问题。

有个厌学三年的高一学生，最大的学习障碍就是没有办法静下心专注学习。参加特训时，我没有逼迫他集中精力学习，而是鼓励他通过学习提升自己的静心能力。培训第三天时，这名学生在每日反思中写道：就算这次培训我无法做更多的数学题，但是，我能够在做数学题的过程中训练自己安静坐下来，只要做到这步，我就获得了一份进步、一份成长。

有一个在学校是非常优秀的尖子生，可她始终被"马虎导致丢分"这一问题困扰着。孩子为什么会马虎？其实并不是一个简单的"不小心""基础不扎实""没看到"就能解释。马虎的根源，更多的是眼睛在读题，心已经离开了题目，是身心脑没有在当下所致。这个问题说起来简单，但真的想要训练出身心脑合一的状态甚至需要一生的努力。

事实上，无论是优秀的尖子生，还是学习困难生，都需要成长和完善。不光孩子，成人亦是如此。每个人的终极目标都是成长和完善，任何人的成长都是要通过一生的努力来实现。成功的企业家，也一定会有需要完善的地方；一个科学家，也一定会有无法解决的很多困惑。因此，每个人都需要通过不断探索去解决成长中的问题。

小时候，我们会付出所有的努力去实现自己的目标；

成年后，我们发现有时必须放下对目标的过度执着。小时候，我们要舍弃玩耍的时间去学习；成年后，我们则要平衡娱乐和工作的时间。小时候，我们认为坚持是一种优秀的品质；成年后，我们发现有时还要学会适度的妥协。社会在不断改变，每个人也要做出相应的改变。过往所有的成功都是不可复制的。因此，每个人都需要不断成长，不断完善自我。孩子如此，家长亦如此。

3. 自我管理的终极意义

成长随时随地发生

善于自我管理的孩子，他的成长也会随时随地发生。遇到问题时，这类孩子能够通过解决问题实现自我反思、自我完善。他的成长，完全是一个独立的自我完善的过程。

相反，缺乏自我管理能力的孩子很可能在十几岁就停止了自我成长。他们不知道该如何进行自我调整和自我改善，更多地把矛盾指向外界。

涵涵是一个高三学生，在这个年龄段，多数孩子与外界的冲突都会减少很多。可涵涵总是因为和同学关系处理不融洽产生很多烦恼，甚至在学校几乎没有玩伴。高二下学期，涵涵还因为与同学间有矛盾不想去学校而在家休学半年。为了能够在高三时顺利返回学校读书，家里人送她来参加我们的特训营。

了解涵涵的情况后，我打算借助涵涵在学习中遇到的问题，让她看到自己思维和个性上的局限，从而能够得到成长和完善。

涵涵在解题过程中缺乏对自己思维的觉察和监控，每一个想法都是想当然。就算老师指出她的错误，涵涵仍然会坚持自己的想法。她在学习过程中表现出来的问题与她在生活中和同学的关系有很多相似之处。特训营期间，统一订餐时，她经常会提出自己要吃什么。就算别人提出反对意见，她也会强烈地表达自己的想法是正确的。她还会想办法道德绑架其他同学，希望他们赞同自己的想法。尽管涵涵在所有参训孩子中是大姐姐的身份，可最后所有人都把她当成小妹妹。

早起洗漱时，涵涵常常把自己关在宿舍洗手间里，慢悠悠地边哼着小曲边洗漱，搞得同寝室友都没法洗漱。尽管有同学给她提出建议，希望她洗漱的速度快一点，可涵涵却不以为然地表示："我也没有慢啊。"总之，涵涵在面对冲突时，更多地把矛盾指向外界，很少反思自己。相处了四五天后，老师们都觉得涵涵的心理年龄大概只有十岁左右。

相反，同期中年龄最小的学生小玉，刚刚升入高一，在做任何事时都要先考虑一下周围人的感受。小玉是为了满足妈妈的要求才来参加特训营。这一点，从他刚开始的学习状态就可以看出来。他每天几乎一上课就在期待下课，坐在凳子上简直如坐针毡。可到了第三天,他在学习中投入的精力明显增多。小玉在每日反思中提到:无论我在特训营能否全身心投入学习,只要我每天都能够把自己的心静下来,就会有成长、有收获。

把小玉和涵涵的情况做个对比,明显可以看出,小玉并没有过多地抱怨环境,而是积极投入到自我调节和自我完善中;涵涵则是只要环境中的任何安排与自己的想法不一致,就会产生抱怨,要么让老师给自己特殊待遇,要么就会表现出情绪上的冲突。

冲突本是每个人反思自己的契机,但在涵涵的成长过程中,所有的冲突都会促使她否定外界、否定他人,甚至与外界的所有冲突都成了她要求父母或是身边的亲人满足她需求的砝码。而小玉却能够借助烦恼和冲突看清自己,发现自己内心的浮躁和在学习过程中的不足,积极主动地借助暴露出来的问题去调整和改变自己。

矛盾,在生活中无处不在。一个成长中的孩子,还没有形成一整套的自我与外界和谐相处的模式,遇到冲突在所难免。这些冲突恰恰是促进孩子成长和进步的契机。但能否随时随地借助每一次的矛盾和冲突实现自我成长和自我完善,则取决于孩子是否已经形成了自我管理系统。一个具有良好自我管理能力的孩子,会借助发生在身边的事随时随地觉察和反思自己。这些孩子，自然也能够随时随地获得成长。

时刻把握人生的方向

善于自我管理的孩子，能够把握人生方向，不容易随波逐流。

我们邻居家的孩子，是我儿子的同学。他的爸爸妈妈年龄比较大，而且工作比较忙。整个成长过程，他基本上完全靠自己。假期时，这个孩子自己安排所有的学习和生活，除了补课、预习下学期知识外，每天都到家附近的大学自习室里复习功课。这对一个八年级的孩子而言，的确是一个了不起的行为。我儿子曾经说过："轩哥是目标特别明确的人。一旦轩哥定下来目标，无论谁都无法打扰他，就算有人约他去玩，他也会拒绝。"这个孩子的自我管理能力就很强。

邻居家夫妻俩的文化程度不高，在孩子学习的过程中，也很少指挥他。所以，孩子学习的全部过程都靠他自己。从小到大，这个孩子都是在自我管理中成长起来的。尽管身边有很多同龄人因各种物质诱惑而放弃了学习，可这个孩子一直坚定地朝自己的目标奋斗。中考需要考体育，他就坚持到大学校园去跑步，每天两千米。他还主动邀请同班同学一起去锻炼。和他一起锻炼的那些孩子，有的因为去旅游，有的因为串亲戚，偶尔都会缺席。只有这个孩子坚持每天都去跑步。无论有没有伙伴，他都会积极主动地锻炼身体。这对于一个中学生而言，的确值得佩服和赞叹。

在我们指导过的学生中，常常有一些孩子没有明确目标。几年前我接待了一位来访的学生。这个学生因为玩游戏导致连续几个学期期末考试不及格，最后不得不从知名高校退学。我和他聊天时，特意问他什么情况下想上网玩游戏，那个学生的回答挺有意思。他说，只要有人约他，他就会去。一个寝室六个人，只要有人约他，他就去。周一到周五，都有人约他。然而，对于其他人而言，花的只是一个晚上，对于这个没有自我管理能力的孩子而言，是每天都去玩。玩了一个学期，期末考试时几乎所有的科目都需要补考。第二个学期仍然如此。当需要补考的科目越来越多，这个学生就越来越厌学。直到学校通知家长时，孩子妈妈才知道他在学校完全不学习。

这样的孩子其实并不少。每一年都有因在大学里不能自我管理而导致成绩不达标被退学的学生。他们多数都是因为没办法自我学习。大学的空间要比中学宽松很多，很多家长也认为孩子读大学就可以自己管自己。家长开始放手，不想放手的此时也有些鞭长莫及。

很多孩子，在大学以前都是在父母的监控下学习，所以严重缺乏自我管理能力。他们的家长也没有真正去培养过孩子的自我管理能力。家长对孩子的过度控制，造成孩子没办法真正认清自己的成长方向，所以，他们很容易随波逐流。看着别人谈恋爱，自己也要找个男朋友或女朋友；看着别人参加社团活动，自己也要参加社团活动。每一天他们都奔波于各种活动中，却没有能力静下心投入到学习中，最终难逃被退学的命运。

当然，也有很多学生特别清楚自己想要什么。一上大学，他们就会系统规划自己大学四年的学习和生活，然后顺利考上了理想大学的研究生。大学四年，很多学生还没有反应过来时，有的同学已经和他们拉开了很大的距离。

洋洋就是一个典型的例子，洋洋出身书香门第，父母都是教育工作者。虽然洋洋考上了全国排名第三的学校，但他认为就算全国第三，与世界名校相比还有很大差距。因此，在很多学生还沉浸在自己终于考上大学的兴奋感中时，洋洋已经开始筹划如何能够考上国外大学的研究生；同学在研究如何交个女朋友时，洋洋在图书馆电脑前研究美国排名前五十的大学，这些大学里有哪些专业是自己比较喜欢的；同学在想着大学怎么多玩一玩游戏时，洋洋已经开始思考该如何准备托福和SAT的考试了。

懂得自我管理的孩子，在人生每一个阶段都会有自己的规划。他们目标很明确，很清楚自己想要什么样的人生。所以，他们不会被身边的物质刺激所诱惑，可以一直坚持自己的方向。就算这个过程中会有很多挫折和困难，但是，他们也会笃定自己一定能够成功。

及早看清自我，走上自我觉醒之路

善于自我管理的孩子，能够更清晰地看到自己的问题。因为他们在解决问题的过程中会不断地反思自我，以促使自己不断地认识自我、完善自我，最终走向自我觉察之路。

随着儿子渐渐长大，我在和他的聊天中越来越感受到，他的自我管理能力在不断提升。而且，他对自我的思考也越来越清晰。

一天，我们在谈到学习时，他说自己学习缺乏的是定力，很容易受周围同学影响，不能像他们班的轩哥，一旦确定了目标就不会被任何人干扰。他虽然也爱学习，但一旦有人约自己去玩，自己就会动摇；在学习时还容易偷懒，稍微学习久一点就会觉得累。

我发现儿子对自己学习中存在的问题还了解得挺清楚的。更让我欣慰的是，他发现问题后，会积极寻找解决的办法。

儿子对自己的认识，多半是源自他在自我管理过程中反思。自我管理过程中，没有外界过度的管理和控制，当然也就没有过度的鼓励和赞赏。孩子完全是在一个安全、平和、稳定的环境中，不需要防御外界，也不需要面对自责，只需要在矛盾出现时进行反思和探索。如此一来，他必然能更好地认识自我、完善自我、发展自我。这就是自我管理的价值所在。

懂得自我管理的孩子就像一棵根系发达的树。家长作为这棵树的培育者，要给予足够的时间让它扎根土壤。纵使面对狂风骤雨，这棵树也不会被拦腰折断。它只会不断吸收土壤里的水分和营养，在阳光下茁壮成长。

第七章
八种常见学习问题案例分析

1. 学习成绩差是因为智力不行吗

有些会背定义却不会运用其来解题的孩子，往往会被家长认为不聪明，特别是那些花费大量时间学习，但学习成绩依然不理想的孩子。家长通常会把这类孩子在学业上的失败归因为先天智力问题。

我刚开始工作时，担任一个班的班主任。我们班的班长，在班级的各项工作中表现突出，经常受到老师和同学的赞赏，可他却有比较严重的数学学习障碍。

在学习"整式的因式分解"时，他经过反复练习能够清晰记住完全平方公式"$a^2 \pm 2ab + b^2 = (a \pm b)^2$"。但是，当数学老师在黑板上列下"$x^2 \pm 2xy + y^2 = $"让他解答时，他告诉老师自己不会。数学老师对他的情况一直深感不解。

这个孩子平时学习很刻苦，每天拿出大量时间来学习，但取得的成绩与他付出的努力并不成正比。因此，很多老师都认为他属于"功夫型"学生，不够聪明。

其实，影响学生学习的因素有很多，任何学生出现学习问题都不完全是先天智力造成的，但学习上的失败一定与学生大脑中的知识（三类知识）的表征有关系。

后来，我在每天放学后，花大约十分钟时间引导班长解答五道因式分解练习题。当能够多次顺利成功解题时，班长充满信心地笑了。成功是可以培养孩子的学习自信的。辅导一个月后，班长的数学成绩就由原来的 35 分提高到了 85 分。

我的班里除了班长，还有几个学生也有类似情况。这些学生里以女生居多，学习的主观动机很强，学习过程中也很刻苦，经常把书中的定义、定理背得很熟，却很难将这些公式应用到实践解题中。在传统教育教学中，这些长期努力而不见成绩提高的学生非常容易被定义为"脑瓜笨"。

在传统教育中，那些语文、英语优秀而数学成绩差的学生，会被定义为文科型学生。这部分学生会被认为头脑不够灵活。然而，那些数理化等理科成绩优秀而语文成绩差的学生，则会被视为人聪明，学习却不够认真。

一旦把孩子的学习问题归因到先天智力上时，所谓差生就会令人束手无策。就像那位数学老师，认为班长的数学问题是智力问题，对孩子的教学就难有好效果。

我从知识结构出发去寻找解决问题的突破口，反而找到了这个学生学习障碍的根源所在。

学习某一个知识点时,多数孩子的第一反应就是将其背下来,很少思考该知识点与其他知识点的关系。这就意味着新知识还没有与旧知识建立联系。这种缺乏思考的记忆往往是机械性记忆,靠这种方法记忆的知识很难被提取和运用。

出现这类学习问题的孩子,在他们低年龄段的学习中,被成人关注最多的是他们是否记住了讲过的知识内容。这促使在乎成人评价的孩子形成了一个较为稳定的思维习惯:学习任何一个知识点首先就是要记忆。当知识点记忆成功时,成人就会给予孩子肯定和表扬。这种肯定和表扬在一定程度上也会让这类孩子的行为强化。

思维的过程,主要是辨别新知识与原有知识之间的异同。然而,这类孩子在学习过程中,恰恰缺少对新旧知识之间的异同的思考。他们的记忆过程,往往是机械性记忆,记忆后的知识很难在问题情境中被激活和运用。

如果孩子每次记忆一个定义,就将定义的信息与相关的图形信息或真实的问题情境建立联系,他的思维方式便可以得到有效的改变。与此同时,大脑中的定义和定理会与丰富的感性认识(生活情景)建立联系。这样一来,在任何情境下孩子都能够提取、运用以不同形式编码的信息,自然不会再出现"知道但不会用"的窘境。

相关研究显示：人们在学习和记忆中，凡是难以记忆的数字、人名、地名和单词等，若人为地给它们赋予某些意义，记忆会变得容易。据此，心理学家提出了记忆的精加工策略——变式练习。

变式练习，其实就是将新旧知识进行有机联系，完成知识精加工，加深对知识的记忆，以保证可以在任何情况下提取运用。

2. 成绩不理想是因为不努力吗

　　主观能动性，又称自觉能动性、意识的能动性，是指认识世界和改造世界中有目的、有计划，积极主动的有意识的活动能力。意识存在于人的头脑里。人们只能用语言表达它，用文字记录它，不能用它直接作用于客观事物。虽然只靠单纯的意识不会引起客观事物的变化，但是意识却有一种本领。它可以作为一种无形的力量，不停地告诉人们，应当做什么以及怎样去做。在实践中，意识总是指挥着人们使用一种物质去作用于另一种物质，从而引起物质具体形态的变化。这种力量就是人的主观能动性。

　　与动物不同，人具有主观能动性，能够有意识自觉地想问题、办事情。人的主观能动性，是人类特有的能力与活动，它包括互相联系着的三个方面：

　　第一，人类认识世界的能力以及人们在社会实践的基础上能动地认识世界的活动，突出地表现为我们通常所说

的"想";

第二，人类改造世界的能力以及人们在认识的指导下能动地改造世界的活动，即我们通常所说的"做";

第三，人类在认识世界和改造世界的活动中所具有的精神状态，即通常所说的决心、意志、干劲等。

主观能动性是意识层面的概念。人的心理结构分为意识与潜意识，"想做某事"是人的意识，"但没有做到"就是潜意识。孩子无法发挥学习的主观能动性，实质是他想做而做不到。

家长经常看重的是孩子学习的行为结果，容易从事物的表面来推断结论，会轻易认为孩子主观没有努力。这都是因为大部分家长缺乏心理学知识，他们没有考虑到心理结构中潜意识对意识的干扰以及潜意识中的心理变量。

人类的很多行为，很大程度上源于潜意识中情绪与思维的相互作用。信息加工的过程称为"思维"，信息即知识，知识结构的数量与质量也同样影响思维加工的过程与速度。孩子学习过程的外显行为结果，实际上是受到了潜意识中内隐情绪、思维、知识结构之间相互作用的制约。

在人的心理结构中，绝大部分行为受潜意识的影响，特别是学习行为。每个孩子都是一个生命体，都喜欢接受新的信息，这是生命体的特征。孩子喜欢接受新的知识、信息，只是不喜欢被逼迫的、缺乏思考的学习过程。

脑科学的研究发现，大脑喜欢听自己的。当受到他人要求或逼迫时，大脑就会产生压抑的情绪。这也是很多孩子喜欢看课外书而非学校教材的原因，但这种行为往往会被大人直接定义为不喜欢学习。事实上，孩子只是不喜欢在束缚下学习。这种对学习的不喜欢来源于伴随学习过程的消极情绪。

我儿子有个同学，经常因为达不到老师的考核标准而被批评。这个孩子在课堂上的注意力集中程度非常差。深感困惑的父母，经常带着孩子来找我做咨询。每当他们来我家时，我都能发现这个孩子并没有他父母描述得那样糟糕。他非常喜欢看书，涉猎范围很广，看书过程中的专注力也很高。其实，这个孩子并非不爱学习，他只是难以适应学校里老师讲学生听的被动学习过程。这个孩子更喜欢自己主动去探索、去获取知识。

我在大量的辅导中发现，很多学生是因为不喜欢学校里的教学模式，不喜欢某个老师的教学方式，才导致学习不能达到学校的要求。家长们却会简单粗暴地认定这些孩子就是不爱学习。

有一年寒假，一名高一学生的家长带着孩子来做咨询。孩子的父亲是中学教师，母亲是工人。这名学生从小就很聪明，但成绩一直不是很理想。最近，孩子与父母之间发生了很大的冲突，出现了严重的厌学情绪。

在沟通中，我大概了解了他们的情况。初中时，这个孩子在父亲工作的学校就读。做老师的父亲特别关注孩子的学习，经常拿学校里的优秀生与自己孩子进行比较。一旦看到孩子的行为表现不如其他优秀生时，父亲就会生气，经常在学校里批评、指责孩子。孩子长期在被批评、被指责的氛围中学习，渐渐出现了一些逆反的情绪，中考成绩也不是很理想。进入高一后，第一次考试，孩子成绩不错，进入了年级前50名。第二次考试时，成绩一下子降到了年级130名。家长对孩子的表现非常不满意，没有和孩子一起深入分析考试成绩下滑的原因，而是严厉地批评孩子，认为是他没有努力才造成成绩下滑。

后来，我和这个孩子单独聊了聊。他跟我说第二次之所以成绩不佳，主要是数学成绩下滑造成的。因为他曾与数学老师发生过冲突，然后就非常讨厌数学老师，不喜欢上数学课。

不知内情的父母，只知道一味地指责他没有努力学习。

这让孩子产生了强烈的逆反心理，对父母的任何要求都极端抵触。于是，孩子彻底放弃学习，放学不再按时回家，不再认真完成作业。到了期末考试时，成绩更是一落千丈。

听完孩子的讲述，我有点替他父亲感到遗憾。他父亲本身也是一名教师，应该明白很多因素都会造成孩子成绩下滑，却没有第一时间帮孩子分析情况，找出症结所在。父母粗暴地将学习失败归因到孩子的主观意识上，一味采取批评、指责乃至施加压力的手段去督促孩子学习，让孩子心中的负面情绪越积越重，最后把孩子直接逼得厌学了。

其实偏科、厌学等问题基本是受潜意识的情绪所制约。因为潜意识的条件反射是伴随情绪的发生而自动运行的。

这个孩子有一次数学考试成绩不好，老师不分青红皂白狠狠地批评了他一顿，说了很多伤他自尊的话，造成他情绪低落。这种低落的情绪与数学学习形成了条件反射，久而久之出现了潜意识的条件性情绪。他每次想到上数学课、数学老师、数学课堂情境就会自动出现消极情绪，进而完全听不进课。

教育孩子时，家长应该尝试多关注孩子行为背后潜意识中的每一个因素，避免出现现盲目的批评和责怪。同时，家长还应引导孩子自己去分析自身问题产生的根源。这样一来，孩子才会不断地总结自己失败的原因，进而不断完善自己。

我曾在山东省潍坊市某重点高中开设培训班期间接待了一名学生。这名学生当时的排名是全年级前50。我问他是否有信心考到年级第1名时，他显得很没有自信。我问及理由，他觉得自己的努力程度还不够。我又问他，什么程度的努力才有可能考到年级第1名？这个孩子也说不出个所以然。

在交谈中，我了解了这个孩子平日里的学习情况。他每天学习到晚上11点半，整个学习过程中一直在纠结要不要去玩会。尽管每次纠结时，孩子最后都是选择继续学习，但心中总想着能去打会篮球就好了。

可以看出，这个孩子其实已经做出了自己的最大努力。无论是学习时间还是学习过程中，他的意志力都是不错的。可见，学习成绩不理想，并非是学习的动机以及学习的意志力造成的。单纯地延长学习时间，并不能帮助他提高学习能力。

交谈中，我发现这个孩子很在乎学习，也很想学习，也花了很多时间在学习上。然而，他为什么还是认为自己学习不够努力呢？

我抱着这个疑问，向他提出了这个问题："听了你的描述，我感觉你已经很努力了，但是为什么你还认为自己不够努力呢？"

孩子的回答让我有些意外，也有些心疼他。孩子对我说："我们老师和我爸妈都说我挺聪明，但是我又没能考第1名，那当然就是不够努力啦。"

我一下子明白了，这个孩子的自我评价源自父母与老师的观点。家长和老师认为聪明的学生成绩不理想就是因为不够努力，这个观点已经深深印在这个孩子的认知里。尽管他已经花了很多时间去学习尽可能多的内容，可他还是盲目地认为自己不够努力。

传统教育教学观念认为，在课堂上积极发言、对老师提出的问题快速给予反馈，这样的学生就是聪明的学生。然而，"对问题反应快"仅仅体现了思维的敏捷性。而整个学习过程，需要的并非只有思维的敏捷性，还要有严谨性、系统性和深刻性。

在辅导的过程中，我观察到这个孩子有一个不良学习习惯。他每学习二十分钟左右就要看一看周围同学的表现，然后再继续学习。这意味着他在学习中很难集中注意力，这种行为习惯也与他渴望学习的心态有些矛盾。他自己也意识到了这个问题，正在努力克服。

这个孩子，主观意识里是很想学习的，但为什么仍然达不到理想的学习状态及学习效果呢？

随着谈话的深入，我发现这个孩子潜意识里一直存在焦虑情绪，制约了他思维深加工的能力。长期受到焦虑情绪的影响，让他很难深入地解决问题。他经常会在问题解决到一半时，转移注意力。因此，很多问题的解决都停留在浅层阶段。久而久之，他在学习上便积累了一些长期不能解决的问题。尽管花费了大量时间，可他在学习的过程中往往倾向于把时间花费在自己能够解决的问题上。一旦遇到困难，他就不由自主地焦虑，然后放弃对解决问题的尝试，等待老师第二天的讲解。正因为在学习过程中一直伴有焦虑，所以他在学习时间、学习数量上花费再多，也无法达到思维的深加工。学习过程中遇到困难和障碍时，他的自我突破能力很差。因此，这个孩子在考试中的失分点多是一些需要创造性解决的问题。

这个孩子还有另一个不良学习习惯。做题时，他很少将题目的信息点罗列在草稿纸上，而是全部靠脑子记忆。然而，人脑的短时记忆容量有限，导致他做题时经常出现顾此失彼的情况。这也会诱发他出现消极情绪，导致放弃尝试解决问题。

孩子若是能养成良好的学习习惯，做题时迅速完成信息的可视化，就能够降低大脑的负担，提高解题能力，进而提高学习效率。

到现在，我找出了制约这个孩子学习成绩提升的两个因素：思维方式和学习习惯。继续交谈时，我又发现他在情绪状态方面也有待改进。

他的父母是本校教师，孩子非常在乎任课老师对自己的评价，担心自身的行为会给父母带来不好的影响。因此，他常常因为过分在意他人评价而产生情绪上的波动。

我们来总结一下。这个孩子容易产生情绪波动，进而干扰思维的深加工；学习习惯不规范造成信息加工过程中经常出现障碍。其实，这才是造成他学习成绩一直没有达到自己期许值的根本原因。

听完我的分析后，这个孩子豁然开朗，不再盲目认为是自己不够努力，从而对自己的学习充满了信心。在后来的培训反馈中我得知，他的学习成绩有了很大的进步，一跃进入年级前3名。

之后，我在河北省石家庄市元氏县一中给高三学生做高考前特训辅导时，发现大部分学生都接受了父母和老师长期以来的观点——学习用功不够，所以成绩不好。特训营中80%的学生，想尽办法来延长自己的学习时间。他们每天跑着去食堂吃饭，再跑回教室。尽管学习时间已经无法再增加了，他们还是盲目地认为自己不够努力。这些学生拼命努力学习仍看不到成绩提高时，就产生了自责的心理，认为自己还应该再努力。因为长期在学习中体会不到突破的快乐和成功的喜悦，这些孩子都有严重的焦虑情绪，甚至有些已经出现了厌学情绪。

聪明却成绩不好，不见得就是不努力。家长需要多和孩子沟通，客观地从情绪、思维及学习习惯上找原因。这样才不至于让孩子为了提高成绩盲目地重复练习，还能避免因长期焦虑而产生厌学情绪。

3. 成不了学霸是因为学习没方法吗

有一年，还有三个月到中考，一名初三学生小陈由母亲带着来找我做咨询。

小陈学习努力，反应也灵活，成绩一直保持在班级前5名，但从没考过第1名。小陈妈妈带他过来请我辅导，主要是为了让他更有把握考入本市重点高中。

我和他交流时，小陈对自己的总结是："考试前焦虑，考试中分心，考试后抑郁。"另外，小陈也是一直认为自己还不够努力。

我对小陈学习时的状态进行了观察。我发现，当面对多个学习任务时，他总会因先选择哪一个学科学习而浪费时间。小陈希望能够自己支配学习时间，但又觉得自己安排时间利用率低；如果每天要上辅导班，他又觉得很累，同时还感觉属于自己能够支配的时间太少。总而言之，小陈的学习状态就是，永远处于纠结中。

小陈妈妈告诉我，她觉得小陈聪明也努力，可一直没有发挥最佳水平，应该是学习方法不对。小陈的父母都是重点大学毕业，小陈妈妈还是本市某大学的教授。聪明也努力的儿子，成绩却不十分理想。在这个事实面前，小陈妈妈找到了一个看起来比较能够让孩子接受的理由——缺少学习方法。

什么是方法？方法是方法论中人认识世界的途径。而学习方法，是如何认识学习，提高学习效率的有效途径。

其实，所谓的学习方法，是一套对学习系统不断自我优化的体系。如果一个人能够客观地反思自己、管理自己、完善自己，他就会不断地优化自身的学习系统。这种靠自己不断调整的往复过程，也被称为自我管理系统。

通过观察，我发现小陈的学习问题并不是单一的缺乏自我管理系统。

首先，小陈容易出现情绪波动，情绪又会不断干扰他的学习。他很在乎学习结果，常常在每次考试前半个月就开始担心这次的考试成绩。伴随着担心忧虑的情绪，学习效率自然低下。低效的学习又会导致他在考试过程中缺乏自信，增加考试时的焦虑情绪。因此，小陈在考试中永远难以正常发挥，考试成绩自然不理想。不理想的成绩又进一步反作用于学习状态。小陈的整个学习过程不断在进行恶性循环，这就导致他的学习系统越来越低效。

小陈的困扰，是每年中考、高考前一类比较典型的学习现象。这些学生为什么会出现这类现象，到底是什么因素在干扰他们的学习呢？真的是没找对学习方法吗？我们以小陈为例，一一分析。

小陈个性敏感，十分关注周围的变化及评价。这种容易放大细节的思维方式导致他容易产生消极情绪，消极情绪带来的焦虑，又会加重学习低效的程度。可见，制约小陈学习的首要因素是情绪。

小陈还有一些错误的学习习惯。例如，读题时不把题目中的隐含信息记录在草稿纸上，题目信息量大时就会顾此失彼。

小陈还习惯强调客观原因。例如，长时间不能解决某道综合性题目时，他就会出现焦虑情绪，然后把失败归因于外界。他的借口五花八门，衣服穿得不舒服，教室里人太多，呼吸不顺畅，大脑有些缺氧……

小陈对自身存在的问题不能够做出客观的反思，也无法进行有效的突破。所以他才会在每次考试前不能规划好复习计划，改善自身学习状态，一味担忧或寻找环境中的因素，如这几天看什么比较顺眼、吃什么考得比较好等。

通过分析，大家已经可以看出，小陈的学习问题并非是某一个因素作用的结果，而是多个因素相互作用的结果。

要想帮助他进入学习的良性循环，需要多个因素的共同作用。

我在河北省石家庄市某高中开设高考考前学习辅导班时，班上30名学生，其中大部分学生存在和小陈类似的问题。这30名学生在入学时年级排名都是前50，结果到了高三后，基本滑出了年级排名前100，有些甚至到了年级500名左右。老师与家长都认为是这些孩子在高中阶段不够努力，或是缺乏学习方法，抑或是脑子不够聪明，等等。

我和这些学生接触后发现，他们大多因为情绪、思维、行为的相互影响，导致无法取得良好的学习成绩。而且他们还有一个共性，一直听从老师与父母的安排，严重缺乏对自我的反思与认识。因此，他们无法突破自身的局限性。可以说，他们每天只是在盲目地学习，成绩自然很难提高。

我完全脱离学校教学体系，用了36天教会这些学生进行自我管理、自我规划、自我实施、自我反思、自我突破。这些孩子在高考前一个多月时学习出现了质的飞跃。原来学校认为这些孩子里只有一人能考上二本院校。最后，他们中有11人都突破了二本录取线。

通过这次特训指导，我们发现，如果在教学中老师只把大量总结性结论讲授给学生，学生很难真正吸收。当不断地推动学生进行自我思考、自我总结、自我突破、自我完善时，他们其实是可以实现自我发展的。

老师每天都在教给学生解题的方法，这固然很重要。但是，引导学生自己形成一套适合他自身的学习和解题方法更重要。这会让学生不断地产生新的方法以适应不同情况下的学习。

从这几个学生的例子中我们不难看出，学生的每一个学习障碍都是复杂的系统。因为人本身就是一个有机整体，只有从人这个整体出发来分析问题系统中的每一个变量，才能找到解决问题的所有因素。

局部离开了整体就没有意义，尤其对于人这一整体系统，系统中每一个变量都可能导致整体的失败。看到孩子学习失败时，家长如果盲目地认为是某一个原因，尤其是那些不可改变的原因（先天智力、主观意识等）导致的，那么，能够给予孩子的教育就将软弱无力。

这几名曾经被老师和父母认为学习不够理想的学生，都是被多个因素制约了其学习系统的整体发展。例如，第一个案例中所谓的笨孩子，思维是制约他学习的关键。同时，学习过程中他也容易受情绪的干扰。因为一旦大脑在加工信息过程中出现障碍，就可能导致消极情绪的出现。当然，他的行为习惯、自我管理系统也都存在不同的问题。

那两名被认为不够努力的学生都有相同的特征——很

聪明。旧有观念下，聪明的孩子就该成绩好；成绩不理想，就是不够努力。他们在这种观念的支配下，不断增加学习量与学习时间。某种程度上，他们的行为很容易加重自己对学习的厌烦。

其实，这类学生多数是受情绪的影响以及缺乏良好的学习习惯。他们虽然在思维方式上反应灵活，但往往缺乏严谨性与深刻性，同时，缺乏自我反思、自我管理的能力。

参加高考特训班的那 30 个孩子，则是典型的缺乏思维深刻性。这也是现代教育中存在的普遍现象。由于现代社会的物质生活不断丰富，父母有大量时间来陪同孩子学习，或者花钱请专职的老师陪同学习。这原本是社会的一大进步，但因为还没有找到科学的辅导方式，所以成人无形中替代孩子去思考，最后造成孩子不愿思考。这样的思维方式一旦形成，在行为上就会表现出比较服从安排。这是传统教育比较喜欢的类型，也强化了学生的这一思维习惯及行为习惯。这些学生在小学、初中时，由于知识结构简单并没有表现出学习上的劣势，但是一旦进入高中，学习上就会出现处处挖井处处不见水的现象。学习上的深加工越来越少，障碍越来越多，最后他们就会缺乏对学习的兴趣与信心。此类学生的问题主要出在思维方式上，长期积累下的学习障碍也会引起消极情绪。同样，这些学生在行为与自我管理上也有一定程度的问题。

至于小陈,他的学习障碍也并非是没找到学习方法。人是富含情感的动物,在学习中,难免会受情绪干扰。小陈的学习问题,根源在于学习习惯的不规范与情绪的相互制约。这导致他整个学习系统出现恶性循环。小陈也缺乏自我管理能力,无法对学习过程中的每一个干扰因素进行改善。

传统教育中很少从"人"的整体出发,就像盲人摸象一样,摸到大象的尾巴就说是绳子,摸到大象的牙齿就说是利剑,摸到大象的腿就说是柱子。实际上,大家说得都对,但不能将局部看成是整体。在教育中,我们所看到的孩子的学习问题,可能只是他学习系统的一部分。如果单纯想通过控制这一部分来改变孩子的整个学习系统,是不可能实现的。

只有对学习系统中的每一个变量进行分析,并且找到其中可控的变量,才能真正成功地解决孩子的学习问题。

4. 成绩为何起伏不定，逢大考必失利

考试成绩是衡量孩子学习能力和学习投入程度的一个重要标准。每个家长都希望孩子能有一个好成绩，而且都希望孩子能一直保持好成绩。但是世间万物都是在不断变化的，事物发展是波浪式前进，螺旋式上升的。成绩出现波动，是再正常不过的现象。可有的家长会说，出现波动可以理解，但总不能像过山车一样，忽高忽低吧！

那为什么有些孩子的成绩总是起伏不定，逢大考必失利呢？

学生小亮就是一个成绩非常不稳定的典型案例。小亮初中入学时成绩很好，排年级第十几名，班级第 2 名，男生中第 1 名。由此可见，小亮应该属于底子不错的学生。但是初中学习正式开始后，小亮的成绩就犹如过山车，忽高忽低。第一次学校月考，他排年级第 30 名；期中考试后，升到年级第 24 名；接下来的期末考试，又掉到了年级 40 多名。初一下学期时，小亮月考排年级第 30 名，期中考

试排年级第 40 名,期末考试掉到年级第 60 名。升入初二后,小亮的班级换了班主任。或许是为了给老师留下一个好印象,小亮从开学第一个月就劲头十足地学习,第一次月考成绩很不错,排年级第 10 名。看到成绩大幅度提高,小亮自己也非常激动。没想到,期中考试时,他又掉到年级第 40 名。伤心之余,小亮又努了一把力,期末考试回到年级第 24 名。小亮每个学期的大考成绩排名,基本都是这样忽高忽低,他自己都困惑不已。

大家一定会想,小亮这个孩子发挥真的太不稳定了。那到底是什么因素导致他发挥不稳定,又有什么办法能够让他稳定在前 10 名呢?

孩子成绩出现波动,是因为孩子学习时经常出现情绪波动,进而导致孩子在学习过程中的投入程度也是波动的状态。我和小亮交流时,得知他在初一时有次周考考了班级第 1 名。老师宣布成绩时,他惊讶地发出了怪叫,还因此被老师批评了。听到自己取得好成绩,小亮为何会有如此奇怪的反应呢?我从和小亮的聊天中判断他是一个不能在学习过程中稳定投入的学生,而且学习动机不强,非常容易受自身情绪的影响。今天觉得高兴,他就会多学一点;今天不开心,老师讲的内容没有趣,他就会在下面玩。小亮并没有真正约束过自己,尝试努力调节自己的情绪,持续稳定地投入学习中。所以,当知道自己获得了一个特别好的成绩时,他自己都不敢相信。

就小亮的学习状态而言,他在小考中容易取得好成绩,但在大考时则无法做到。因为大考考查的是系统化的知识,只有能够持续稳定地投入学习的孩子才能够在大考中拥有胜算。小亮依赖于自己的情绪感受去学习,高兴时就会学得投入些,相应部分的知识自然会掌握得好;但一旦感觉学的内容没意思时,就会偷懒,自然就无法掌握那部分内容。大考时考查的是对所有学过知识的整合运用能力,小亮在知识整合运用中必然会出现短板,成绩自然不佳。

而且小考几乎是现学现考,很多孩子即使此时对知识点没有深入理解,也可以凭借当前的记忆来解决问题,所以容易考出好成绩。但是,综合性的大型考试,题目变得复杂,要把所有的知识运用到问题的解决中。这对那些对知识点理解不透彻的孩子,特别是无法理清相近知识之间的区别和联系的,解决复杂问题时肯定会出现障碍。

经常会有高三学生来咨询我,为什么自己高一、高二成绩都非常好,到了高三成绩反而下滑?高一、高二的基础知识掌握得很牢固,怎么到了高三就不行了呢?

这个现象背后的原因就是,高三阶段需要将高一、高二所学的知识综合运用到问题的解决上。那些前来咨询的看起来基础知识比较好的学生，大多缺乏知识的整合能力，不能把知识点之间的关系梳理清楚。例如，什么情况下运用牛顿第二定律，什么情况下运用机械能守恒定律，什么情况下运用动量守恒定律。他们对相近知识点的区分能力很差，这会造成综合能力出现问题。

当然，任何一个问题都是一果多因的。除了受情绪和思维的影响，大考成绩容易出现问题还有一部分原因是平时学习习惯不够规范。平时周考题量少、测试时间短，很容易就能完成。有些孩子在写作业时也不太关注学习时间，做一套完整的模拟测试卷，经常做一小部分就出去休息一会，不能一气呵成。但在考场上，每一个科目的试卷都必须在规定的时间内完成。很多孩子在时间受限时就会出现焦虑和紧张情绪，导致无法全身心投入答题中。他们要么担心时间不够，不断看手表；要么匆匆解答完前面的题目，不关注准确率。最后导致无法把自己的最佳水平发挥出来。

总之，成绩起伏不定，逢大考必失利的情况，都是学习系统不够稳定造成的。但这有时也是孩子从不知道如何学习到学会系统学习的一个必经的过程。

这是孩子必须要经历的一个学习过程。这个过程的必要性更多在于孩子可以借助它不断对自己的学习进行反思。失败时要思考为什么，成长的过程恰恰是在不断波动中实现自我反思和自我调整。这个波动过程非常宝贵。如同企业只有遇到了麻烦，经营者才会去思考为什么会出现问题，如何解决问题，而企业在解决问题的过程中必然会得到提升。

很多家长看到孩子成绩起伏不定，就会焦虑不安。为了缓解自身的焦虑，家长会想尽一切办法去解决。但在学习方面，最了解自己的肯定是孩子自身。孩子必须自己不断反思，发现自己解决问题时的局限和障碍，这样才能实现自我突破和成长。

年级第 10 名，是小亮考过的历史最好成绩。这个成绩虽不会永恒不变，但会给他一个巨大的推动。这个成绩证明了小亮有能力考到年级前 10 名。若小亮能认真反思自己的学习过程，发现自己想要解决学习问题就必须持续专注地投入，那么小亮肯定能改善现在成绩起伏不定的情况。

5. 孩子为什么会偏科

提及孩子偏科问题,我印象最深刻的一个例子是我辅导过的女孩小倩。

我第一次见到小倩时,她即将参加中考。小倩的爸爸,是我在工作中接触到的一位教育系统的领导。小倩爸爸见到我之后,就开门见山地询问我能不能在两周之内帮小倩提高数学成绩。因为工作的缘故,我们两人也算是比较熟的朋友,我直接说这个任务的确有挑战性,我要给小倩做一些测试之后才能决定。

小倩开始做测试,我就在一旁观察她做题的状态。我发现,小倩在做选择、填空题时很顺利,没有丝毫的障碍;做到大题时却直接说自己不会。这是一个很奇怪的现象。

数学大题给出的信息量是要比选择、填空题多,只是较为隐藏,需要做题者自己捋清。小倩可以快速准确地解答选择、填空题,证明她的相关知识量是足够的。然而,她面对数学大题时竟然不假思索就放弃。这个奇怪的现象证明，很有可能是别的因素导致小倩认为自己做不出来。

我开始指导小倩解决那道被她放弃的数学大题。我先引导她读题，并且把读到的信息转化出来，记录在草稿纸上。当读到第三个信息时，小倩猛然说自己会了。小倩的表现证明了我的判断：小倩并非是真的不会做那道题，只是看到题中信息量大、关系复杂，内心出现了消极情绪，于是直接放弃尝试。

做完测试后，我告诉小倩爸爸，我可以替小倩做辅导。小倩爸爸还是很不放心地询问："刘老师，小倩这孩子是不是天生不适合学数学？不瞒你说，我上学时数学就不好。她读小学时，我担心她学不好数学，还想办法把孩子放到数学老师做班主任的班上。进了中学，我也尽可能把她安排在数学老师比较厉害的班里。能做的，我都做了，她的数学成绩还是很糟糕，这是不是遗传呀？"

听了他的这番话，我笑了笑说："小倩数学上的问题，就是你太在意她的数学成绩了。"小倩的数学成绩之所以一直上不来，恰恰是被她爸爸对数学的恐惧和焦虑影响的。当小倩数学成绩不理想时，小倩爸爸的言行会不断给孩子放大和强化数学难学的思想。表面上，小倩爸爸不断地给女儿找名师来辅导数学；实际上，却是不断地给女儿传递数学如此可怕、学不好也正常的信息。

孩子接受名师辅导的次数越多，对自己能力的评价就越低，总是担心自己学不会。越是担心，孩子在面对问题时越无法出现顿悟，因为消极情绪会干扰思维。就像小倩一样，总是无意识地给自己暗示"数学很难，估计我也学不会"，这个暗示也在她长期的学习过程中不断被强化。数学学习方面遇到点困难被强化一次，数学考试分数出现波动时又被强化一次，某一个知识点没听懂时再被强化一次。长此以往，小倩自然而然会出现数学偏科问题。

可能有人会问，小倩爸爸是怎么偏科的呢？这个就不得而知了。但在师范类二本院校授课时，我曾经做过调查，一个班30人，大概有3/5的学生存在偏科问题。很多高中老师有这种经验，一个想考到一本A段的学生，必须是各科均衡发展，但凡有一个科目"瘸腿"，最终都无法考出高分。

我儿子前两年进入中学学习。在陪伴儿子学习的过程中，我通过观察确定了一类孩子出现偏科问题的根源。

儿子很喜欢看课外书，因此他在知识储备方面有很多优势，一直以来在学习上也算比较顺利。但儿子有一个比较明显的特征——不喜欢写字。做作业时，一旦遇到语文的阅读理解题，儿子就嫌麻烦，总是简简单单写上三五个字了事。

在小学阶段，他这种偷懒行为不会对成绩有多大影响。进入中学之后，已养成习惯的儿子，和那些细心的同学一比，立刻在语文成绩上拉开了一个档次。他的缺陷在作文上暴露得非常明显。我儿子当时不会去理性分析自己在语文学习过程中的不良习惯，而是更多地陷入对自己的消极评价中——我语文就是不好，我不擅长学习语文。他会不断强化对自己的低评价，而且在数学、物理等优势学科上不断体验到顿悟的快乐，会提高他在优势学科上的兴奋点，这变相地进一步强化了他在薄弱学科上的负面情绪。久而久之，我儿子的自我评价会形成一种思维定势——我数学好，语文就是不行，我也不喜欢语文。如此一来，他在薄弱学科学习上就会陷入恶性循环，正面、负面的情绪都会被不断强化。优势学科成绩越来越好，薄弱学科似乎永远无法跳出泥潭，最后形成了偏科。

不良的学习习惯诱发了消极情绪，最终导致了我儿子的偏科。我儿子这种情况就属于与知识储备无关，而与情绪有关。每个人都会趋利避害。当优势学科带来的积极情绪与薄弱学科诱发的消极情绪形成极大对比之后，孩子自然会越来越厌恶薄弱学科。

除了情绪影响之外，每学年的重新分班，更换学科老师，某一次考试题目太难导致没考好，等等因素，都可能会引发偏科问题。

有些学生因为换了任课老师，不喜欢新老师的教学风格，就不喜欢听新老师的课。这些孩子会陷入新老师和前任老师的对比中，常常以前任老师为标准去衡量现任老师。最后因为不喜欢新老师，就对学科产生了排斥，出现偏科。

孩子出现偏科的另一个重要的原因是，孩子无法把握全局，无法平衡自己的学习系统，容易出现顾此失彼。当一个系统被顺利运作时，人其实不喜欢从中跳出来投入到第二个系统。换言之，大脑对某一学科的知识信息感到兴奋时，就不喜欢更换成别的学科。这也是偏科问题易出现的根源。

偏科问题一旦出现，都比较难调整。无论由情绪问题还是知识衔接问题诱发的偏科，当出现一段时间后，薄弱学科的知识结构必然会缺乏完整性。因此，想要改善偏科的情况，不仅要积极调整情绪，还要努力完善薄弱学科的知识结构。

家长应该引导孩子明白，完善知识结构是一个缓慢的过程，薄弱学科的成绩在一段时间内不会出现明显提高是正常现象，多多关注自己的进步以获得积极情绪。例如今天多学会了两个新单词，多做对了两道题目。只有带着全新视角看待自己的进步，才有可能打破偏科的魔咒。

最后，我还要提醒大家一件事，凡事注意把握度，过犹不及。很多学生一旦发现自己有偏科问题后，可能会把尽可能多的精力投入到薄弱学科的学习中，有时会忽视优势学科的巩固。等薄弱学科成绩上来了，原来的优势学科反而出现成绩下滑。因此，家长还应引导孩子培养平衡协调各科目学习时间及精力的能力。这也是克服偏科问题的关键。

6. 孩子为什么学习不积极

以前,我想让儿子每周练习写一篇作文。我话音刚落,儿子就很不高兴地回道:"我其实很想写日记,但是一听到你要安排我每周必须写一篇,我就非常讨厌。"我儿子的话,应该是大部分家长眼中不主动学习的孩子的心声。

其实,每个人都喜欢自由,不喜欢被他人束缚,向往通过独立做事而获得成就感。

很多父母过于在乎孩子的学习成果,对孩子的学习安排和控制得较多,所以孩子在学习过程中最大的体会是处处被指挥和控制,最多的体会是痛苦和煎熬,自然很少能收获成就感。

我儿子的同学小安,从小学开始他妈妈就非常关注他的学习成绩。只要考试没能拿满分,小安就会受到妈妈的批评。为了保持优异成绩,小安每天晚上认真完成作业后,还必须完成妈妈布置的课外练习。妈妈这一举动压缩了小安的自主空间,给他带来了无形的压力。放学回家之后很少有自由时间的小安，一到写作业时就会不由自主地开始拖延。后来，小安妈妈来向我咨询，和我进行一番交流后，才意识到自己给小安安排了超量的学习任务，不仅完全填满了小安的自主空间，还在无形中加重了小安的学习负担。

还在小学阶段的孩子，当看不到属于自己的自由时间时，必然会不断逃避要面对的学习任务，尤其是他还要经常受到妈妈的指责和批评。因此，小安每次学习时都带着痛苦和焦虑的情绪，当然不想学习。但身为小学生，小安还没有力量去反抗自己的妈妈，只能用学习上的拖拖拉拉来发泄自己的不满。

学员小强也有逃避学习的问题。小强的父母之前在国外做生意，他在六岁前都生活在农村的姑姑家。姑姑对小强的照顾偏重健康和安全方面，文化教育方面不多。姑姑很少和小强沟通，也很少教他读书。

小强上小学后，由于严重缺乏早期的知识储备，完全跟不上老师上课的进度。看到小强的成绩，要强的小强妈妈非常焦急，担心小强以后在升学考试中很难获得好成绩。再加上班主任常常在班级群里公布班里孩子的学习情况，这让一直努力上进、不甘落后的小强妈妈更加焦虑不安。于是，小强妈妈在小强每天晚上放学回到家后，都鼓足了劲给他补课。越是努力补课，小强妈妈越对小强的表现不满意。因为此时小强妈妈的期待值很高，所以她只能看到令她觉得不满意的行为表现。尽管小强觉得自己比之前有了很大进步，可妈妈却只看到小强的成绩还是排在班级中下游位置。

在妈妈带来的压力下，本就有学习困难的小强就更想逃避学习。因为每天都要面对自己不熟悉的学习内容，每次一学习就会看到妈妈充满焦虑的脸，听到妈妈的唠叨："你怎么还记不住呢？""你在那想什么呢？""你怎么那么不用心！"这一切都让小强从内心深处开始厌恶学习。可不敢把厌恶表达出来的小强，只能通过抓紧一切机会逃避学习来缓解自己内心的压力。

小军的情况和小强类似。小军妈妈也是一个努力上进、工作认真的人。她完全接受不了孩子在学习上的表现，每天面对孩子时都会显得很烦躁。其实，小军的情况比起小强要好很多，他很喜欢看课外书，也有不错的知识储备量，但小学阶段的男孩，淘气、喜欢玩耍是在所难免的。可只要被老师告状，小军妈妈都会不问缘由把小军骂一顿。小军本就因过于活跃，在学校总受老师批评，很渴望得到妈妈的理解和安慰，可妈妈骂他骂得更厉害。所以，小军每天回家情绪都很低落，讨厌看到妈妈，什么都不想干，更别说会主动去学习了。

小学阶段的孩子不主动学习，大多数是由于很难在学习过程中收获快乐和成就感。如果知识储备量不足，会给他们带来学习障碍，也会导致他们无法在学习过程中获得成就感。同时，家长一旦看到孩子出现学习问题就会焦虑不安，开始催促、控制及指挥孩子。家长一系列的行为也会导致孩子在学习过程中痛苦的体会越来越严重。

有些孩子，本身学习能力较强，也能在学习过程中获得成就感，但是受成绩至上的家庭教育观念影响，不得不长时间学习以及在学习过程中被过度评价。这样的孩子，从学习中收获的体会更多的是否定和责怪。不停被否定会带给孩子持续的痛苦体验。

越对孩子期待高的家庭，越容易控制孩子的自由。这些孩子只能靠在玩耍的过程中不断地拖延来获得自己的空间，自然很难去主动学习。

进入初中、高中阶段，很多孩子开始对未来发展设定了自己的目标。在目标的推动下，大多数孩子都能够主动学习。但是，这个年龄段同样存在一大批不能够主动学习的孩子。这些孩子，大多会被视为不努力。殊不知，这些孩子之所以不主动学习，是因为他们已经无法投入学习，更为确切地说，是他们无法吸收老师的讲课内容。因此，面对题目，他们没有任何解题思路，无从下笔。

每年寒暑假，前来参加我们组织的初中、高中训练营的学生中，有很多都属于这种情况。

高中生小鹏，上初中时成绩中等，上了高中后也很想学习，但由于严重缺乏学习方法，很多知识在课堂上都无法理解，课后又无法通过自学解决遇到的困难。他大部分上课时间都是在发呆、打瞌睡，每天在学校都觉得非常煎熬。小鹏妈妈百思不得其解，既然有那么多不会的题目，小鹏为什么还不愿主动学习。其实，恰恰是因为有太多知识点的缺漏，才导致小鹏严重缺乏面对困难和解决困难的能力。当无力面对学习时，"小鹏们"常会选择逃避。

现在有很多家长总担心孩子成长的路不够平坦，总希望孩子能一帆风顺、青云直上，所以孩子小时候遇到任何问题时他们都会替孩子解决。

上幼儿园了，一定要进某某幼儿园，那里的园长是我朋友或有某老师我认识；上小学了，要么去有熟人的学校，要么去重点小学。无论什么阶段，都要和老师处好关系，好让孩子有一个理想的学习环境。

选好了学校，学业方面，家长更是煞费苦心。除了在学校按大纲学习，放学后超前学习也是必需的，如初二开始学习初三的课程，甚至初中就开始学习高中的课程。很多时候，这些家长还没有给孩子自己尝试主动解决问题的机会，就已经替孩子把所有可能遇见的问题都解决了。只要孩子有一次考试成绩不理想，家长就开始张罗找老师补习；一个不行，就找两个；普通老师不够好，那就再找个名师。

这些家长教出的孩子，在面对问题时都不会想自己解决，因为他们高中之前受的教育已经剥夺了他们主动解决问题的能力。他们既不愿意自己解决问题，也不知道该如何自己解决。再加上如果主动去解决问题，这些孩子就会体会到之前很少体会过的困难无法解决的痛苦。人有趋利避害的天性，这也会让这些孩子在遇到问题时选择放弃尝试解决。

遇到问题无法解决时，那种感觉就像一个人误入深山却找不到出山的路，不能原地等待又出不去。这种既不能放弃，又不能逃避的过程会非常煎熬，成人都不一定能够承受，就更别说孩子了。

当然，如今在深山里都有信号塔了，只要有手机，只要手机有电，就能打求助电话。然而，翻越学习这座大山就没这么容易求助了。

很多孩子在中学阶段会求助于老师，有一定的效果；进入高中后，即使求助于老师，也不一定能够得到真正的帮助。因为年纪越大，遇到问题时的制约因素越多，每个孩子都需要靠自己的脚走出去。即便老师一步一步讲解了解决办法，仍需要孩子自己去一步一步实践。而学习没有积极性的孩子，恰恰就是因为没有力量自己去经历这个过程而最终选择放弃。

孩子越是没有积极性，家长就越是想指挥和控制。而更多家长的做法是，找到一个能够替代自己去指挥和控制孩子的人。一旦找到了自己的替身，家长就会觉得所有问题都可以解决。一个替身不行，就找两个。可他们并没有想过，那些替代自己解决问题的老师，是否真的能解决孩子的根源性问题？

7. 孩子为什么会沉迷于游戏

高三学生小汪,小时候很听话,一直是外人眼里好好学习的乖孩子,经常受到老师的表扬、同学的羡慕。进入高中后,小汪一直努力学习,但学习成绩怎么都上不去,从而产生了强烈的挫败感。随着学习难度的增加,学习任务的增多,小汪在学习上越来越力不从心,成绩不停下滑。但是老师和家长没有思考他学习失败的根本原因,只是从表象上来推断,例如,学习时发呆,时间抓得不够紧,做题量少,等等,就直接给他做出了评价"不够努力,没用心学习"。

这样的评价与他之前获得的赞誉形成了鲜明的对比,这让小汪内心出现了巨大的落差。而且小汪心思敏感,不仅在乎老师、家长的看法,也非常在乎同学对自己的评价。于是,小汪完全无法接受自己目前的状态,也因此而感到烦躁、痛苦,却又不知道该如何解决。

长期努力却没有效果，得不到家长和老师的理解，要面对周围人的负面评价，对于学习内容束手无策……几方面的压力压下来，对小汪而言可以说是四面楚歌。一直是家长的骄傲、旁人夸赞对象的小汪开始自责，罪恶感横生，每天在教室里如坐针毡。后来，他鼓足勇气请假回家，希望在家里调整好自己再重返学校。没想到回到家后，面对每日唉声叹气的父母，小汪变得更加焦虑。到了最后，小汪只有拿起手机玩游戏，才能暂时忘记所有的烦恼。但是，小汪开始享受这个事情，玩游戏时间越久越不喜欢回到现实中。

像小汪这样的孩子有很多。其实，面对痛苦，无论是成人还是孩子，都会下意识想要逃避，这是人的本能。尤其是当前社会环境下的孩子，从小就很少从家长处获得直面问题的正确教育。家长总是有意无意地教孩子如何能够规避问题。例如，孩子刚有认知时，不小心撞到桌子上，家长为了缓解孩子的痛苦情绪，会一边打桌子一边说"桌子坏，撞了宝宝"。这样的教育模式也延伸到孩子生活的方方面面。

上幼儿园时，为了和老师处好关系，保证孩子不被老师批评，就给老师送礼。这样看起来是孩子不会因受批评而受挫折，然而却令孩子丧失了真正面对冲突和解决问题的机会。到了读书的年龄，学业有问题，就请老师辅导，甚至还没有遇到问题就已经去找老师提前辅导。这些一直被保护着长大的孩子，完全没有自己解决问题的意识，一旦遇到困难就觉得痛苦，就想逃避。而家长看到孩子的痛苦，自身感受会比孩子更强烈，甚至带着孩子一起逃避。殊不知，这又是一个恶性循环的开始。

之前来找我咨询的一个小女孩就是这种情况。这个看起来很文静的小女孩，没有任何不良嗜好，但就是没法去上学，每天窝在家玩手机。这个孩子刚上初一，从小就是乖乖女，一直是好学生。她父母都是公务员，也没有什么不良嗜好，非常困惑自己乖巧的女儿为什么会变成现在这个样子。

我先跟孩子的父母进行了交流，然后在指导孩子学习的过程中观察孩子的状态。我发现这个小女孩非常害怕面对困难。我猜测她的这个个性特点多半源于她爸爸的教育方式。女孩爸爸很要强，属于做什么事都一定要成功的性格，在单位里也是工作能力强、不断被提拔的重点培养对象。他认为不仅自己一定要成功，孩子也一定要成功。为了确保女儿能够成为出众的人，但凡女儿的事情，事无巨细，爸爸都要把控。各种兴趣班的安排，甚至女儿和哪些小伙伴玩？玩多久？爸爸都要掌控。即便如此，女孩升入初中后，还是得更多地自己面对学业。这个时候，孩子暴露出了各种问题，害怕失败、恐惧失败，每天上学都惴惴不安。她开始以身体不舒服为由请假，从一周请两次，发展到一周都不上学，再后来连续十天请假。到了最后，家长只能给孩子办了休学手续。

从学校逃回家的孩子，其实更加痛苦，没有朋友，没有交流，没有户外活动。她只能通过手机和外界联系，开始玩游戏。渐渐地，玩游戏就变成了她唯一逃离痛苦、获得快乐的渠道。

大家都会觉得玩游戏时时间过得特别快。因为游戏会抓取人的注意力，让我们的注意力完全被吸引。这时，现实世界中的所有信息都无法进入到大脑中。我们在这个过程中都如同进入了世外桃源，忘却了一切不如意。再加上人本身就特别愿意进入想象的世界里，很多时候，人们陷入想象的世界就是为了可以暂时逃离现实的痛苦。

当被外在事物所吸引，能够暂时逃离现实的痛苦时，人就会觉得很满足。尽管自己也知道此时的逃离并不能真正解决自身的问题，可出于趋利避害的天性，人还是会很享受这个逃离后的快乐。

我上学时，有些同龄人也不喜欢学习，在学习过程中得不到快乐，就会逃学。他们逃学去下河摸鱼，去偷别人家种的瓜。这些人的做法同样是为了逃离学习给自己带来的痛苦。不过，他们逃离的方式是要出去行动。而今天，孩子们逃离痛苦的最简单的方式就是打开手机，去玩游戏。

网络上的内容非常容易抓取人的注意力。一旦注意力被抓取，孩子们感受到的就是愉悦。他们没有能力去考虑长期玩游戏对身体的危害、对学习的危害、对未来生活的危害，只会沉溺于享受那种梦幻般的快乐。因为这份快乐能够掩盖他们那颗胡思乱想的心，让他们没有时间去思考烦恼。

任何一个游戏都会涉及进阶与奖赏，这都是根据人的心理规律来设计的。孩子在玩游戏的过程中可以获得成就感。特别是那些在现实生活中很少获得成就感的孩子，在玩游戏的过程中，从不断通关、进阶中就能轻易得到赞赏、奖励，甚至是赚到钱。即便赚到的是虚拟货币，但也是对玩游戏者价值的认可。再加上游戏中的所有情景都和现实世界有极其相似的特征，在现实世界中没办法实现的所有期待，游戏中都可以实现。所以，每个孩子都能在游戏中找到自己的价值。正因为游戏设计者牢牢抓住了玩游戏者的心理，才会有这么多孩子被牢牢地控制在游戏中。

然而，痴迷在游戏中获得成就感的孩子，在现实世界中还是经常会遭到父母、老师的责怪，没有自己的自由空间，经济也会被父母限制。这些现实情况会促使他们更向往在游戏中寻找价值感，通过不断通关赚钱、升级、获得赞赏。现实世界和虚拟世界的巨大落差，是让孩子们不想回到现实世界原因所在。

8. 孩子写作业为何会拖拉

现在的孩子在写作业的时候，或多或少都会有拖拉的情况。这一点，让家长和老师都深感困惑。

在讨论如何解决这个问题之前，我想先和大家聊聊成年人是否也会拖拉。这个问题的答案自然是肯定的。成年人犯拖延症时，多半是因为心中对即将要做的事情怀有负面情绪。这种不愉快的情绪是促使成人拖拉的一个重要原因，也是导致孩子做作业时出现拖拉现象的首要原因。

孩子在学习过程中，有哪些因素会导致负面情绪的产生呢？

首先，有些孩子在学习过程中看不到希望。现在的孩子，学习任务都比较重。看到繁重的作业时，孩子或多或少都会产生一些负面情绪，觉得作业怎么都做不完。在这种情况下，有些家长还会给孩子增加新的学习任务，无形中又会加重孩子的心理负担，让孩子看不到希望。他们在写作业时会觉得，即便学校留的作业少，父母还是会给自己增加练习量，因此看不到完成作业后的轻松愉快。正因为看不到希望，孩子就迟迟不愿开始写作业。

其次，有些孩子在学习过程中遇到了太多的阻碍。学习过程中有一个非常重要的原则是，快乐开始，快乐结束。但这两者间有一个重要环节，中间过程。当学习过程中遇到的阻碍特别多时，学习者更多的感受则是痛苦。那些有学习障碍的学生，在学习过程中遇到的阻碍特别多，自然会从学习中感受到更多的痛苦，以至于在每次学习的开始阶段就会想起过往学习过程中的痛苦感受，自然会选择拖拉以逃避痛苦。例如，大部分人在学习时，都会不自觉地将自己的薄弱学科放到最后再处理。其实，这就是一种拖拉行为。学习薄弱学科时，要思考得更多、更专注，过程中又会遇到很多困难，自然而然获得的都是不愉快的感受。这些不愉快的感受，会让人在下次开始学习前再次想起，导致人没有学习的动力。

说完了情绪，我们再谈造成拖拉现象的第二个原因，思维方式。

我之前辅导过亲戚家的一个孩子。这个孩子做作业时有严重的拖拉现象。他不仅启动做作业这个程序困难，在做的过程中状态也非常差，总是一边玩一边做。很简单的作业，他都能写三个小时。到头来，作业完成得不好，玩得也不开心。

观察了这个孩子做作业的情况后,我发现除了情绪因素之外,不良的思维方式也导致了他做作业拖拉。

例如,这个孩子学习生字时,不会去研究每一个字的结构和偏旁部首,声旁、形旁跟过去所学的字有何联系。这就证明了他不习惯进行精细化加工。这种不良的思维方式导致这个孩子经常会写错生字,写错后又涂抹再改。一错一改间,又增加了许多花在作业上的时间。

思维无法精细化,造成这个孩子在解决问题的过程中经常失败,也让孩子在做作业上出现拖拉的现象。思维不能精细化加工的孩子,在记忆知识时,会存在严重障碍,也就是新旧知识无法建立联系。新旧知识无法建立联系时,大脑就不会产生兴奋。学习时,大脑若是无法产生兴奋,人只会感受到痛苦,产生负面情绪。

除了思维精细化方面的缺陷,这个孩子的思维还缺乏整体性和结构性。

他写字时,常常是看个撇,写个撇,看个横,写个横。当他看一笔写一笔地将所有的笔画全写完时,他的大脑里根本不会记住这个字的整体结构。这也造成他写字时会特别慢。假设一个字有十个笔画,他很有可能需要花 3~5 分钟才能写出来。字的笔画一多,他就无暇去研究每个笔画之间的关系。

缺乏整体性、结构性和精细化的思维方式，导致在信息加工的过程中，既不能进行系统加工，也不能做精细化加工。这样一来，会造成大脑在搜索提取旧知识时特别慢；提取信息的速度缓慢，又会反过来阻碍新知识的顺利加工。如此，恶性循环就产生了。

除了负面情绪和不良思维习惯外，造成拖拉现象的第三个原因就是错误的行为习惯。

很多做事拖拉的孩子从小就没有养成一个好的行为习惯——做事专注。那些学习特别高效的孩子，做事时会非常专注，可以进行信息的精细加工。因此，他们可以迅速精确地吸收知识。

而做事拖拉的孩子，则经常一边做着一件事情，一边想着另一件事情。例如一边吃饭一边看电视，一边听音乐一边看课外书，一边聊天一边玩游戏，等等。

就像我前面提到的那个亲戚家的孩子，他不仅学习时三心二意，就连玩游戏时都不够专注，没有完全投入。我观察了一段时间后发现，他几乎无法自己专注、独立去做一件事情。这样的孩子，在学习上自然也会三心二意，而且对自己的学习没有规划的习惯。他对每天的作业量，完成每项作业所需的时间，从来没有一个清楚的预估。因此，这个孩子在做作业时也是一种很随意的状态，毫无紧迫感。于是，大人看到他做作业时就是一副拖拖拉拉的样子。

想要让这类孩子改掉拖拉的毛病，家长需要引导孩子在做每一件事情之前，对完成时间有所预期，以保证做事的节奏感。

清楚造成写作业拖拉的三大原因之后，我们就可以对症下药了。

在解决问题之前，我希望每位家长都记住，想要让孩子改掉写作业拖拉的毛病，关键不在于他们能不能改，而在于我们有没有耐心去等待孩子的改变。如果家长无法保持耐心去等待孩子的变化，就会产生负面情绪，这会对孩子产生错误影响。因此，家长在引导孩子改掉不良习惯时，一定要保持足够平和的心态。

心态要安静平和，但是思维不能懈怠。监督孩子改掉不良习惯的过程是枯燥和辛苦的，可为了达到目的，家长还是必须在陪伴时随时监督。就像我辅导亲戚家的孩子那样，即便是做数学题，我也会每一道都监督。例如，他要计算 1 - 2/7，我就会问他 1 还能转化为何种形式；等他回答 7/7 后，我又会问减了 2/7 之后是多少；等他说出正确答案，到了第二题 1 - 1/6 时，我仍旧会按之前的形式问一遍。这就是通过不断监督引导、鼓励支持，一次又一次让孩子强化正确的行为模式。如果家长能够持续稳定地用这样的方式去监督孩子，3~5天后，就会发现孩子的思维方式发生了明显变化。

以孩子当前所学的学科知识作为载体来进行思维训练，可以起到一箭双雕的效果。既能学习知识点，又能锻炼思维。当孩子进行思维训练之后，集中注意力的能力也会有所提高。但是需要注意，孩子的思维训练，最好不要脱离学习系统。脱离学习系统的思维训练虽有其价值，但孩子不同于成年人，还无法透过现象看本质，也就是无法透过知识信息的表面内容去感受思维过程。因此，若是长期进行脱离学习系统的思维训练，孩子在进入学习系统后很有可能出现无法迁移的情况，也就是思维训练没法被运用。

给孩子进行思维训练时，家长最好要学会随时随地引导、监督、支持和鼓励，然后高度集中地训练孩子大量使用这种信息加工方式。例如，一个晚上拿出一个小时高强度训练孩子学习十五六个单词的拼写，一个词一个词地训练。

这样练习一个小时，孩子肯定会觉得非常累。因为人喜欢不消耗脑资源的自动化思维，而被有意识地操控着进行精细化思考会令人感到疲劳。有意识地增加对信息差异度的捕捉，研究信息间的关系，会增加大脑的疲劳度。但这种思维习惯养成之后，就会变成自动化习惯，知识加工速度会变快，使人获得愉悦的情绪体验。

改善思维习惯之后，家长还需要着手调整孩子的行为习惯。家长要告诉孩子，做每一件事情时，都要给自己设定一个时间节点。我辅导亲戚家的孩子时就是如此。当孩子向我抱怨数学习题太多时，我却告诉他，如果按我的要求，每一题先仔细研究，然后快速在草稿纸上列出式子来计算，他大概花半个小时就能做完这些题。一开始，这个孩子总不相信我的话。可是，第一次我预测他要花半个小时，而他二十分钟就做完了。因为开始前我和他做了个约定，如果他在我预测的时间内做完数学题，之后的辅导就必须全听我的。尽管他认为自己怎么都要花一个小时，但当我开始计时后，他反而有了紧迫感，投入度一下子就提升了。

因此，孩子做作业或者做事情前，家长要引导孩子去规划一下完成所需的时间，让孩子有一定的紧迫感。这种紧迫感能够让孩子在做的过程中将注意力集中在当前信息的捕捉上，这样，他的行为习惯也会发生一种质的改变。习惯一旦改变，就意味着行为也会发生变化。

在不断纠正孩子的思维方式和行为习惯时，家长也要注意孩子的情绪状态。当孩子能够用科学的思维方式和行为习惯解决问题时，家长一定要及时给予鼓励和表扬。及时的正面反馈，会促进孩子对良好习惯的再学习、再训练，否则他就容易回到固有的思维方式和行为习惯里。家长更加要避免过于急躁，以免无法及时给予孩子肯定。

总结一下，想要帮助孩子改掉做作业拖拉的毛病，家长可以从三方面着手：培养孩子正确的思维方式，使孩子养成良好的行为习惯，并保持积极情绪。